渡邊和志
［著］

子どもの内面からつくる授業

学ぶよろこびをランドセルの中に

東洋館出版社

はじめに

「世界の果ての通学路」――これは、ケニア、モロッコ、アルゼンチン、インドの辺境地で暮らす子どもたちの通学する姿を撮影したドキュメンタリー映画のタイトルです。フランスのパスカル・プリッソン監督（「マサイ」等で知られる）が制作し、2013年にディズニーが配給。フランスで観客動員120万人を超える大ヒットとなりました。2016年には、NHKのEテレでも放送されました。

この映画に登場するケニアに暮らす11歳の兄と妹は、15㎞離れた学校に片道2時間もかけて通学します。広大なサバンナには、人を襲う象の群れがいます。キリンやシマウマの群れも避けながら、小走りに学校に向かいます。まさに命がけの通学です。

モロッコの12歳の少女は、アトラス山脈の高い山々に囲まれた、石ころだらけの険しい山岳地帯を、徒歩で22㎞、4時間をかけて寄宿学校に向かいます。ここでは、子どもが教育を受ける権利は必ずしも保障されていません。それだけではなく、彼女の年齢になると、もう結婚年齢とみなされます。彼女の父親は、はじめは通学に反対でした。

アルゼンチンのパタゴニア平原の11歳の兄と妹。兄が馬に乗り、妹を後ろに乗せ、18kmの道のりを1時間30分かけて通います。急斜面で馬もろとも転がりそうになったり、馬のひづめに石が食い込み動かなくなったり、馬を休ませて水を飲ませたりしながら学校に向かいます。

インドの13歳の少年は、生まれつき足が不自由で、車いすの生活です。通学は、幼い弟2人が車いすの前と後ろに分かれ押していきます。車輪や車体はさびつき、全体が茶色になっています。座席の部分はすでに壊れ、代わりに家で使われているような椅子が取り付けられています。通学路は舗装されていません。車輪がめりこむような砂地の道を通り、川の中にも入りながら4km、1時間15分の道のりをひたすら押し続けるのです。

子どもたちは、道なき道を歩き、何時間もかけ、時には命の危険にさらされながらも学校をめざします。これほどまでに大変な思いをして学校に行くのはなぜでしょうか。それは、学びたいという気持ちはもちろん、学ぶことが生活を向上させ、家族を幸せに導くことができるという思いがあるからです。ケニアの兄はパイロットを、モロッコの少女は医師をめざしています。夢の実現までにはいくつもの壁が立ちはだかるものと思います。しかしながら、その壁を突破するのは「学ぶ」ことであり、その意欲と意思は映像から伝わってきます。彼らにとって学校は、夢を実現するためのチャンスをつかむ場所なのです。

　さて、日本の子どもたちはどうでしょう。グラフは、ベネッセ教育総合研究所が２０１４年に実施した「小中学生の学びに関する実態調査」（調査対象：子どもとその保護者小学４・５・６年生３４５０組、中学１・２年生１９５９組）のうち「勉強が好きかどうか」に対する学年別の結果です。「とても好き」「まあ好き」と答えた割合は、学年が進むにつれてだんだんと減少していきます。そして、中学生になると「好きではない」と答えた割合が多くなります。勉強が「とても好き」と答えた中学生はわずか３～４％。「まあ好き」と答えた割合を含めても、「勉強が好き」な生徒

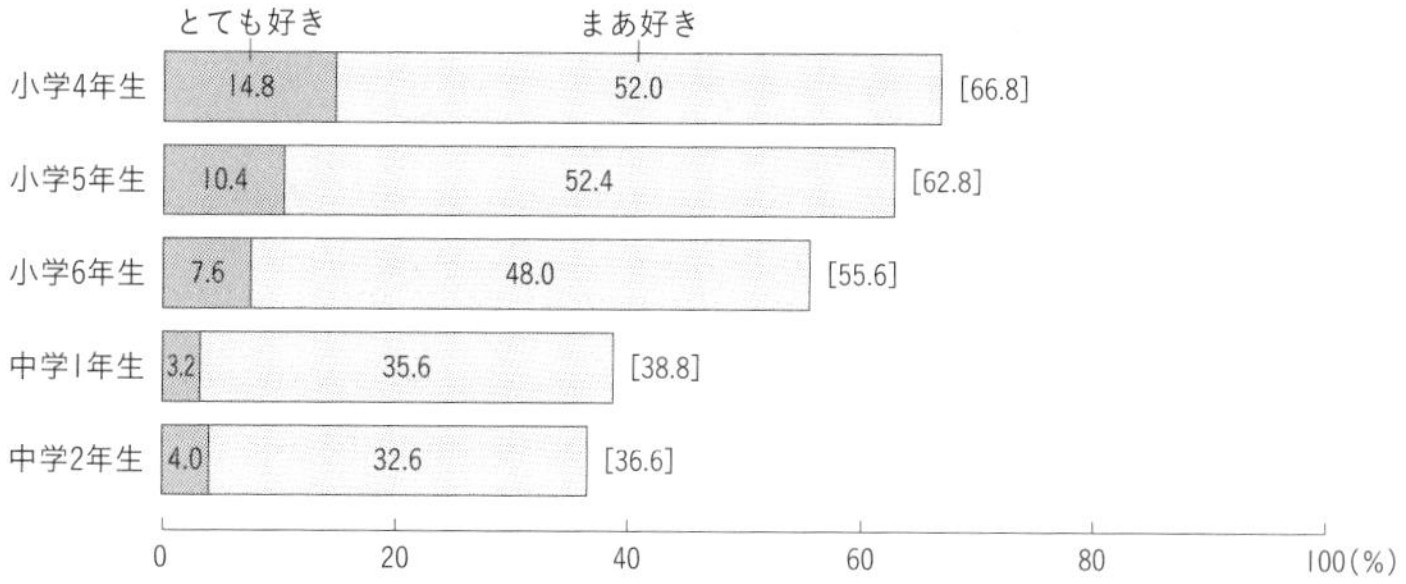

図 0-1　勉強が好きかどうか（ベネッセ調査より）

は40％弱です。先ほどのケニアの少年やモロッコの少女たちとほぼ同じ年齢の子どもたちです。日本の子どもたちの多くは、「勉強は好きではない」「勉強をしたくない」と心に思いながらも毎日毎日学校に通っていることになります。

さらに、同調査（中学生）によれば、「勉強する理由」として、「小学生、中学生のうちは勉強しないといけないと思うから」74％、「友だちに負けたくないから」62％が、「とてもあてはまる」「まああてはまる」と答えた割合でした。また、中学生は、「将来いい高校や大学に入りたいから」が80％近くいました。つまり、外部からの期待や要請に応えることが自分にとって名誉なことであり（自己内調整）、そのことは価値あることである（同一化的調整）、と考えていることがわかります。このことは、「勉強することが楽しい」33％、「新しいことを知ることができてうれしい」44％といった内発的動機付けを大きく上回っています。

子どもが「勉強する理由」をそのように考えるのは、大人（特に家族）の影響がありま す。「家族価値」（金銭、地位・名声、学歴、勤勉等）と呼ばれるものです。これは、読者のみなさんも子どものころから少なからず影響を受けて育ってきたと考えられます。もしかすると気付かないうちにしっかりとしみついているかもしれません。

私たちは大人が抱くひとくくりの価値で子どもを見てはいないでしょうか。冒頭で紹介した子どもたちは、その一族の中で学校に通う第一世代だそうです。つまり、彼らの親は、学校教育に関する「家族価値」のようなものは存在しません。親が子どもに対してできることは、「無事学校に着きますように」「子どもたちに成功を運びますように」「学びの道に神の助けがあらんことを」といった神への祈りです。子どもたちは、親も経験していない学校で学ぶという夢、自分（子ども自身）が選択した自覚と責任、そして親への感謝の気持ちを抱いて学びの世界に挑んでいるのです。

私たちは、時として子どもの学びを、幼稚で要領が悪く、時間がかかると感じることがあります。そのため、効率のよい方法を教えたり、子どもの考えを方向転換させたりします。それでも子どもの将来が不安だと感じると、塾の力や様々な教育メディアの力を借りることを考えます。

しかし、子どもの側からすればどうでしょう。学びは生まれて初めて体験する世界との出会いであり、新鮮で神秘的なはずです。学びそのものが生きがいのはずです。そのわくわくしたり、どきどきしたりする思いを取り除いた学びは、子どもにとって魅力的であるかと言えば、決してそうとは言えません。もしかすると本来の学びの目的がいつの間にか、義務ととられるようになったり、有名校に進学したりするための手段にすり替わったりしているかもしれません。

本来の、子どもがわくわく、どきどきする学びとはいったいどんな学びでしょう。学ぶことがおもしろいと感じるときはどんな瞬間でしょう。そういった学びを子どもの「内面」から把握し、理解することで、子ども本来の学びへ近付けるのではないかと考えています。

子どもたちは、小さい体に、教科書やノートがいっぱい詰まったランドセルを背負い、学校に通います。寒い日や暑い日、時には小さな体が風に吹き飛ばされそうになる時もあるでしょう。雨の強い日には、服はもちろん、靴の中もしっかり濡れます。そんな思いをしながらも毎日毎日学校に通うのです。

学びが子どもにとって真に価値あるものとして実感されれば、ランドセルの重さも、天候の悪さも気にならないでしょう。そのために、保護者は、

図 0-2
家路に向かう子どもたち

子どものランドセルの中に何を入れて子どもを見送るでしょうか。学校や教師は、今日一日というかけがえのない学校生活を通して、ランドセルの中に何を入れて家路に向かわせるでしょうか。その大切な中身をみなさんと一緒に考えていきたいと思います。

目次

子どもの内面からつくる授業

目次

「子どもの内面過程を探ること」の難しさと意義

日本女子大学名誉教授　吉崎静夫

30名の子どもを相手に一斉授業をしているときに、教師は一人一人の子どもの内面過程（思考、理解、関心、意欲など）をどのようなやり方で把握しているのでしょうか。例えば、ある教師は、その授業における何人かのポイントとなる子どもをあらかじめ想定しておいて、あの子がわかっていればこの子もわかっているだろうというように、何人かの理解状態を手がかりとして学級全体の理解状態を推測しています。これは、とても優れた評価技術であると言えます。しかし、それでも一人一人の子どもの理解状態、ましてや思考過程を把握することは難しいです。では、教師はどうしたらよいのでしょうか。

一つは、ある課題を出して、机間巡視によって一人一人の考え方やわかり方を把握する方法です。しかし、限られた時間で全員の子どもの学習状態を見ることには無理があります。

もう一つは、一人一台の情報端末を活用して、一人一人の考えを教室前方にある電子黒板に提示させ、比較検討する方法です。ギガスクール構想のもとで、推奨される方法であると思います。しかし、この方法でも、ある課題について学級のみんなで話合い（集団討議）をしているときの一人一人の子どもの内面過程をとらえることはできません。

そこで、授業における「一人一人の子どもの内面過程を把握する方法」を開発したのが、本書の著者である渡邊和志氏でした。それが、再生刺激法です。再生刺激法は、授業をＶＴＲにとり、授業後、再生視聴させながら授業の各場面について子どもに内省報告（そのときに考えたり、思ったりしたことを報告すること）を求める方法です。その詳細については、本書のいくつかの箇所での説明を参考にしてください。

そして、この再生刺激法は、教育工学の研究者ばかりでなく、理科、社会、体育、技術家庭、音楽といった、様々な教科教育学の研究者によって活用されています。おそらく、再生刺激法を活用した教育研究に関する学術論文は相当な数になっていると思います。それだけ、多くの教育研究者が、授業における子どもや教師の内面過程を把握する方法に苦労してきたということだと思います。

では、再生刺激法を活用した授業研究は、これまでの多くの学校で行われている授業研究とはどこが違うのでしょうか。

もっとも大きな違いは、授業後に行われる授業検討会での話合いの中心が、発問、指示、説明といった教師の指導法から、一人一人の思考、理解、意欲といった子どもの内面過程に移動するということです。もちろん、授業改善のためには指導法について話し合うことは大切ですが、その話合いが授業者や観察者の経験や推察を根拠にしていることが多いのです。例えば、この教材ではこのような説明が大切であるとか、このような発問をしてはいけないとかです。しかし、もっとも大切なことは、本時のこの場面では、「Aさんはどのようなことを考えていたのか」「Bさんはどのようなわかり方をしていたのか」「Cさんはどのようなことに興味・関心をもっていたのか」といった一人一人の子どもの内面過程についての事実にもとづいて、授業で用いられた指導法や教材の適切さを検討することなのです。そのようなことが、再生刺激法を活用することによって可能になってきたのです。

そして、渡邊氏の「子どもの内面過程にもとづく授業研究」は、次のような複眼的な視点をもって行われてきたことに特長があります。そのことが本書によくあらわれています。

第一に、授業研究が教育工学と理科教育学という二つの研究領域を関連付けながら行われています。第二に、第一人称、第二人称、第三人称を行き来しながら行われています。第三に、教育実践者と教育研究者という二つの役割を重ねながら行われています。

まさに、本書は、小中学校教員（二年間の教職大学院での研究を含む）、指導主事、校長、大学教員（准教授、客員教授）といった多様なキャリアを積み上げてきた著者だからこそ著わすことができたものであると思います。そこには、子どもや教師に向ける著者の温かいまなざしがあります。

ぼくとアサガオ

01

子どもは子どもなりの考えで理解する

子どもの内面を理解することの大切さ

図1-1は、愛媛県内の公立のある小学校の日課表です。始業時刻や休み時間など、学校によって少しずつ違いますが、一日の授業時数や学校生活の内容はほぼ同じです。この学校は、8時5分までに教室に入り、15時35分には下校します。7時間30分の在校時間ということになります。そのうち、一単位時間45分の授業が6時間計画されていますから、一日の授業の合計は4時間30分。一日の学校生活のうち、授業時間の占める割合は60%ということになります。在校時間のうち日常生活に必要な昼食やトイレに行く時間を除けば、その割合はさらに高くなります。まさに、「学校は授業をするところ」であり「勉強するところ」なのです。

では、学校の授業で子どもに何を教え、何を学ばせるのか。このことについては、文部科学省の学習指導要領に、教科の目標、指導内容、授業時数、教育課程の編成、指導計画作成上の配慮事項等について細かく書かれています。

したがって、教師は、学習指導要領にもとづき、学校を設置する教育委員会が採択した教科書を使って、その学年で決められた学習内容をもれなく指導すればよいことになります。大人が子どもレベルの

朝の会	8：05 ～ 8：20
（移動・休み時間）	
第1校時	8：25 ～ 9：10
（移動・休み時間）	
第2校時	9：20 ～ 10：05
（移動・休み時間）	
第3校時	10：20 ～ 11：05
（移動・休み時間）	
第4校時	11：15 ～ 12：00
給　食	12：00 ～ 12：45
昼休み	12：45 ～ 13：15
清　掃	13：15 ～ 13：30
（移動・休み時間）	
第5校時	13：35 ～ 14：20
（移動・休み時間）	
第6校時	14：30 ～ 15：15
（移動・休み時間）	
帰りの会	15：20 ～ 15：35

図 1-1　小学校日課表

内容を教えることは、さほど難しいことではありませんし、子どもを塾に通わせれば、もっと短時間に効率よく理解させることができそうです。そのように考えると、学校の「授業」は教師でなく、一般の大人でも教えることができそうです。では、教師が授業で教えることと一般の大人が教えることとは、いったい何がどう違うのでしょう。

この答えの一つに、20世紀の心理学の発展に貢献したジャン・ピアジェ（Jean Piaget）の「認知発達の理論」があります。彼は、子どもの質的に異なる特性と能力を、一連の段階を通してまとめています。彼の研究内容を見ると、子どもは、不完全な大人であるために世界を認識できないのではなく、子どもは子どもなりの解釈で世界を認識していることがわかります。

小学校3年の理科に「ものの重さを調べよう」という単元があります。学習のねらいは次の二つです。

ア　物は、形が変わっても重さは変わらないこと。
イ　物は、体積が同じでも重さは違うことがあること。

大人にとっては、なーんだ簡単だと思うでしょう。しかし、同じ重さの粘土でも、小さく分けると数が増えるため、子どもは重さも増えるはずだと考えます。また、ゴムや木、

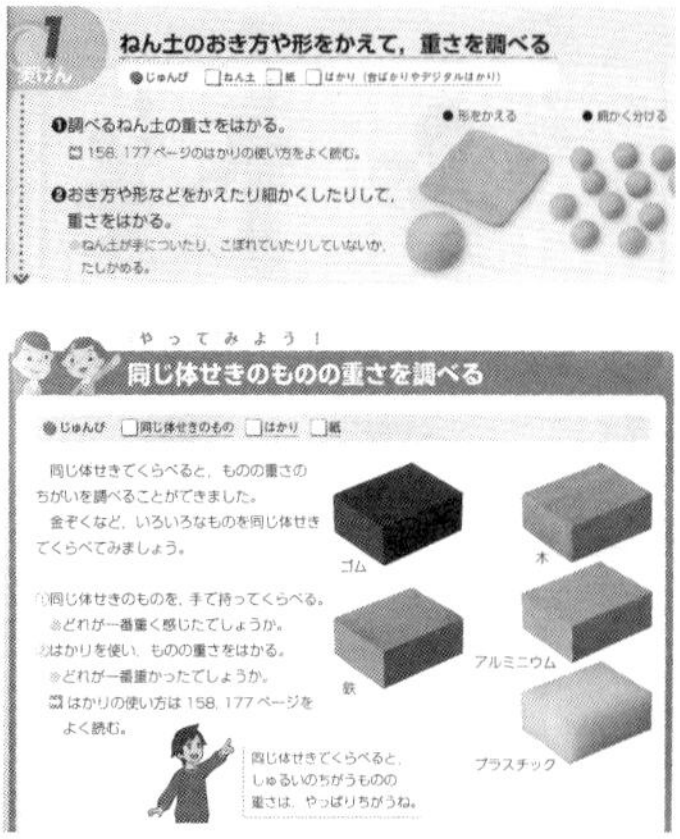

図 1-2
物の重さを調べよう（学校図書）

鉄やプラスチックなどの様々な素材でできた同じ体積の直方体を、それぞれ水の中に入れたとき、子どもは一番重い鉄がもっとも水が増えると考えます。これらは、誤概念（misconception）と呼ばれ、多くの場合、子どもなりの合理的な考えにもとづいています。

大人が「子どもの内面」を理解しないまま、学習内容をやみくもに教えたとしても、「子どもなりの理解」が伴わなければむしろ逆効果になりかねません。「子どもの内面」を理解することが学習の前提にあるということを大人は理解する必要があります。「これはこういうことだ。テストにも出るから、しっかり覚えておくように！」と教えた方が効率的に見えますが、「子どもなりの解釈」を抜きにした学びは、いつの間にか忘れ去られてしまいます。また、子どもが納得した理解でなければ、学ぶことすら嫌いになってしまうでしょう。

先ほどの、「形が変わっても重さは変わらないこと」を、子どもはどのようにして理解するでしょうか。粘土を高く積み上げたり、横に広げてのばしたり、小さく丸めた粘土をいっぱい作ったり、ひものようにしてぐるぐる巻きにしたりして、いろいろ形を変えては重さを確かめるでしょう。そして、いくら方法を変えて試しても、重さが変わらなかったことに気付いたとき、はじめて「形が変わっても重さは変わらないこと」がわかるのです。

学校は、教師が多くの子どもたちと接する最前線です。「子どもの内面」を把握し、「子どもの学び」に合った授業改善に取り組む努力を日々重ねることが、教師の使命だと考えます。このことが必要ないのなら、わざわざ学校に来て授業を受けさせる必要はありません。指導内容を一方通行で送るオンライン授業でもかまわないことになります。

文部科学省は、新しい時代に求められる資質・能力として、「何ができるようになるか」といった目に見える形で学習効果を求めています。毎年実施している全国学力・学習状況調査は、都道府県別に成績と順位を公表します。さらに都道府県は、市町村、市町村は学校別の成績と順位に注視します。教育政策や教育予算が教育効果に反映されているか。その効果を説明する一つの手がかりとして学力調査の結果が使われます。そのために市町村や学校は、点数を上げるために、授業スタイルを決めたり、過去に出題された問題を解かせたり、既習事項を復習させたりします。学校の「授業」は、いつのまにかテストの成績を上げることが目的になってしまっています。

ここで、1978年に出版された教育学者の村井実『新・教育学のすすめ』(小学館)の中の「風邪ひかせのヤブ医者」のお伽噺を紹介しましょう。

むかし、ある所に、立派な風邪ひきがよい人ということになっている不思議な国がありました。この国では、大臣も社長さんもお金持ちも、みんなりっぱな風邪ひきです。この国では当然のことながら、どんなお父さんもお母さんも、こぞって我が子を立派な風邪ひきにしたいと願っていました。こうした願いにこたえて、この国では「風邪ひかせ」専門のお医者さんが、押すな押すなの大繁盛をすることになりました。

このお医者さん方は、子どもたちをどのようにして立派な風邪ひきにしたか、その見事なやり方をお教えしましょう。

お医者さん方は、まず、大臣や社長さんやお金持ちなど、およそりっぱな風邪ひきと言われる人々がどういう特徴を備えているかを、科学的に研究検討しました。その結果わかったことは次のとおりでした。

一　およそりっぱな風邪ひきは、37度以上の熱をだしていなければならない。

二　およそりっぱな風邪ひきは、頭痛を訴えていなければならない。

三　およそりっぱな風邪ひきは、ダルサを感じていなければならない。

次に、「風邪ひかせ方法」をどうするか、方法が討議されました。その結果、何百もの方法の中で次の方法がもっとも効果的だということが証明されました。

一　37度以上の熱を出させるには、インドの純粋カレー粉と日本の上質のワサビをこね合わせて、子どもの全身にすり込む。

二　頭痛を起こさせるには、子どもの頭にゲンコツを一発くらわせる。

三　ダルサを起こさせるには、米俵をかつがせて、運動場を3周させる。

こうして全国のいたるところで、子どもたちにカレー粉わさび方式やゲンコツ方式や、俵カツギ方式が施されるようになりました。

全国のお父さん方、お母さん方は、子どもたちが大臣や社長さんやお金持ちたちと同じに熱を出し、頭痛を訴え、ダルサを感じるようになったのですから、喜ばないわけはありません。みんなそろって、お医者さんたちに丁重にお礼を申し上げたということです。（一部省略・改編）

このお伽噺と同じようなことを、私たち大人は子どもに家庭で、あるいは学校の授業で行っていないでしょうか。

例えば、ほぼ10年ごとに改訂される学習指導要領。そこには、次代を見据えた人材育成のための新たな教育として、目標や内容が示されています。教育委員会や学校現場は、改訂が近づくと、新たな教育を行うための情報をいち早く取り入れようと、インターネットや書籍はもちろん、研究会や講演会に熱心に出向きます。新しい教育とはどんな教育か、これまでの教育とどう違うのか。目新しい教育に誰もが注目し、時代に取り残されないように必死になります。そして、これまで10年間も子どもの指導を行ってきた教育は、もはや古い教育とされ、見向きもされなくなります。一生懸命取り組んできたにもかかわらず、過去のものとして扱われ、次代にふさわしくない教育とさえ思われるようになってしまいます。新たな教育内容や教育システムに目が奪われ、いつの間にか子どもが置き去りにされていないでしょうか。

学習指導要領が改訂されるたびに、子どもが学習にいっそう取り組むようになり、勉強することがおもしろいと感じ、学校に行くのが待ち遠しくなる。そういった子どもの「内面」に働きかける改訂になっているかどうかを、作成する側も、学校現場で実践する側も、しっかりと立ち止まり吟味する必要があります。

ところで、このお伽噺には、次のようなつづきがありました。

実は、みんなが、帰るみちみち、「でも、なんだかおかしいな」と首をひねっていたのだというのです。そして、「もしかしたら私たちは、かわいい子どもたちを、とんでもないヤブ医者にかけたのかもしれない」と呟いたのだそうです。

（一部省略・改編）

授業を通して子どもの中に育てるもの

子どもの内面は教師と子どもでつくるもの

02

授業は子どもの「内面」に新たな知識を構築する作業です。その知識は、子どもたちの多様な見方や考え方をもとにつくられ、つくり変えられていきます。その大事な役割を担っているのが学級集団や教師です。学級集団は、子どもなりの見方や考え方が生まれるとても大事な世界です。一方、教師は、学ぶ意欲や学び方、学ぶ意味までも授業に取り入れ、新たな価値へと導きます。

この努力が、子どもにきちんと受けとめられ、正しく伝わっていれば報われますが、果たしてどうでしょう。

みなさんが子どものころに行った伝言ゲームを思い出してください。最初の2、3人は、なんとか正しく伝わっていますが、内容がだんだんと変わっていき、最後には全然違った内容になることがあります。授業では、大人数で伝言することはありませんが、教師や学級の子どもが言ったことが正しく伝わっていないということはよくあります。これは、情報が抜け落ちたり、変形したりすることによって起こります。また、その人がもつスキーマ（行間を補うための一般的、常識的な知識）をもとに勝手に解釈することも考えられます。

例えば、「むかしむかし、桃太郎と金太郎と浦島太郎がカメとクマをお供に、竜宮城に鬼退治に出かけました」というお題だとすると、桃太郎の話はよく知っているけれど金太郎や浦島太郎の話を知らないとすれば、クマがイヌになったり、竜宮城が鬼ヶ島に変わっていたりするかもしれません。スキーマは、行間を補う働きがあり、これがないと全体のストーリーや物事の意味を理解することが難しくなります。

また、この「むかしむかし……」の話を記憶するのが難しいと感じた方は、これまでもっている昔話のスキーマと異なるため、覚えにくいことが考えられます。これが明日テストに出るとすれば、みなさんはどんな勉強をするでしょうか。スキーマが役に立たないため、丸暗記をするのではないかと思います。

翌日のテストを紹介します。

問1 （ ）に入る言葉を書きなさい。

「むかしむかし、桃太郎と金太郎と（　　）が（　　）とクマをお供に、（　　）に鬼退治に出かけました」

このテストを見た瞬間、「あっ、できた」と笑みを浮かべたに違いありません。もちろん全問正解です。この子どもは、うれしくなってますます勉強をがんばりました。いい点数をとれる勉強方法を手に入れたのですから、またこの方法でがんばれば、ほめてもらうことができます。

ところが、その後、残念なできごとがありました。実は、同じ問題を再度解いたところ、今度は全問正解にならなかったのです。

みなさんは、このお題をご覧になってどんなことを思ったでしょうか。

桃太郎と金太郎と浦島太郎という日本を代表する最強のメンバーで鬼退治に行ったのは

なぜだろう。3人の力を合わせなければ勝てない手ごわい鬼だったのかもしれない。そうだとすれば、カメとクマだけのお供で大丈夫だったのだろうか。クマはまだしも、カメは役に立ったのだろうか。浦島太郎はカメ、金太郎はクマに乗ったとすれば、桃太郎はひたすら歩いたのだろうか。さぞ疲れたに違いない……などと思いませんでしたか。「どうしてだろうか、なぜだろうか」と考えると、記憶しただけでは納得できなくなります。この話の続きを読んでみたり、筆者の意図を調べたりすると、これまで抱いていた昔話のスキーマが書き替えられ、新たなスキーマができます。

学ぶということは、「むかしむかし……」のお話（知識）を単に記憶することではなく、意味付けを行うことにより、新たなスキーマが生まれ、昔話の知識が生きた知識となって次の学びにつながっていくことなのです。

授業は、教師が子どもに伝えたいことを計画し、新たな知識、見方や考え方を身に付けさせることです。それが子どもにどう伝わり反映されているか、これを見極めることが授業効果であり、授業評価につながります。

図2-1は、このことを図に表したものです。

①学習知識

授業における教材は、子どもの学習理解の手がかりとなり、最終的には知識として蓄えられます。授業を通して獲得した知識は、学習の深化・発展に役立ち、知の世界をさらに広げる手段となります。そのためには、記憶にとどめているだけの「活用できない知識」では役に立ちません。「活用できる知識」として蓄えておくことが大事になってきます。

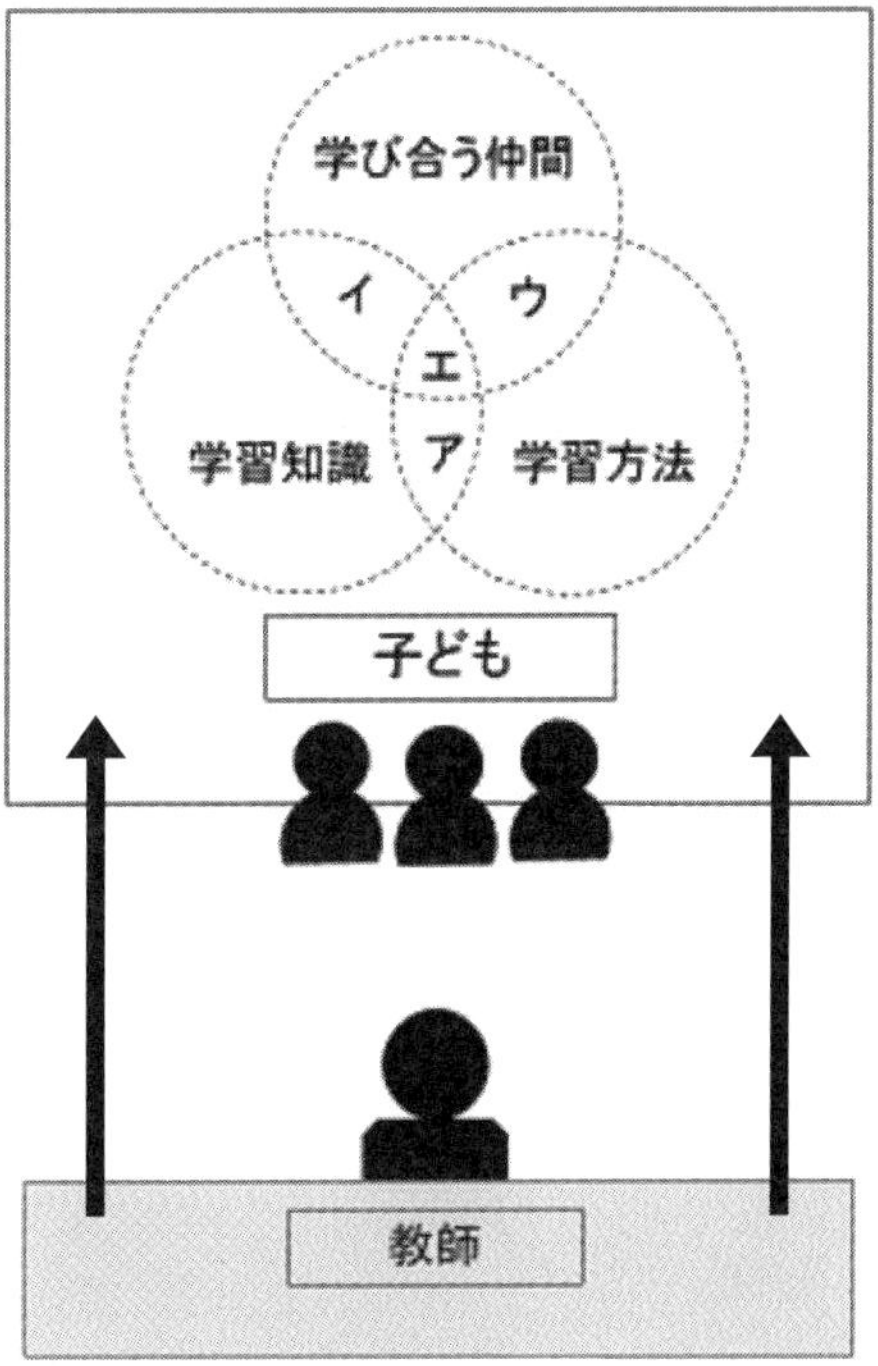

図 2-1　教師が子どもに伝えるもの

（ここでは、子どもが学習によって身に付けた「活用できる知識」を「学習知識」と呼んでいます。）

②学習方法

教師の授業構造、授業方法は、子どもが新たな問題に出会った場合の解決方法の一つになります。例えば、理科の観察学習は、自然を見る際に役立つでしょうし、データの取り方や分析方法は、自然のきまりを見つける手だてとなります。また、ＩＣＴを使うと、様々な情報が瞬時に得られ、学習の効率化を図るだけでなく、情報処理能力の向上にもつながります。教師がデザインする授業での学習経験がもとになり、子どもが、時と場、内容にふさわしい解決方法を選択しながら問題解決に取り組む力を身に付けることが考えられます。

③学び合う仲間

学級の子どもたちは、みんな同じではありません。得意教科、学習スタイル、生活経験、運動能力、学習に対する興味等も違います。それならば各自が別々に学習をすればそれでいいかと言えば、そうとも言えません。他者がいることによって個人の活動が促進されることがあります。例えば、一人で走るときより、他の人と一緒に走る方が、タイムがよくなるといったこともその一例です。「社会的促進」と言います。これは、他の人がギャラリーや観察者となる場合も同様です。また、ペア学習、グループ学習の経験が、他の人の思いや考えを知る機会となり、自分の考え方を修正したり、新たな考え方を創出したりするきっかけとなります。

愛媛県内のある小学校の5年生が「少年自然の家」でオリエンテーリングを行いました。オリエンテーリングは、地図とコンパスを使い、山の中にいくつもあるポイントを捜し、ポイントに書かれている暗号を記録し、短い時間でゴールするという競技です。ほぼ半日かけて行います。グループごとに探すポイントが違うことや出発時刻が同じでないため、グループ間で相談することはできません。頼れるのはグループのメンバーのみです。当日はあいにくの雨。足元はぬかるみ、時間が経つうちに大事な地図と暗号の記録用紙も濡れ、あちこちが破れ始めました。地図を濡らさないようにするにはどうすればよいか。見つけたポイントの暗号を記録するにはどうすればよいか。グループのメンバーで話し合ったそうです。

次に示すのは、ゴールにたどり着いた子どもたちです。

- 一番大事な地図を手持ちのビニル袋に入れ、地図をひろげて見る際は、雨水が落ちてこない森の中の木の葉が重なった場所で見たそうです。適当な場所がない場合は、みんなで合羽を合わせて屋根にしました。
- 記録用紙が破れてしまった班です。服の下なら消えないため、メンバーそれぞれの足や腕に暗号を油性ペンで記録しました。ジャージのズボンの足元のチャックを開け、足に書いた暗号を見せてくれた子どももいました。
- 記録用紙に書ける部分が残っていた班です。書ける部分を切り取り、小さな紙切れに小さな字で暗号を書き、一番濡れていないメンバーの合羽の下の体操ズボンのポケットに入れました。
- たくさんあるポイントの暗号を一人で覚えるのは大変なので、みんなで分担し、忘れないように何度も口ずさみながらゴールしました。

オリエンテーリングは短いタイムで早くゴールすればよい競技ですから、地図を見るのが得意な子どもがリーダーとなり、他の子どもはリーダーに付いて行きさえすれば効率よくゴールできるはずです。しかし、雨は想定外でした。一般的に、オリエンテーリングは雨の日は行いません。雨への対処が子どもたちにとって思ってもみない大きな課題になったわけです。その解決のためには、みんなで仕事を分担したり、協力したりするなど、新たなアイデアを考える必然性に迫られました。子どもにとっては、それがうれしかったのでしょう。少年自然の家を去るころになると、「先生もう一日いたい」「みんなでまた一緒にしたい」と何人も言ってきたそうです。

④複合領域ア（学習知識＋学習方法）

学習知識や学習方法のそれぞれ一方だけでは解決できない場合、両者を使った学習を行います。例えば、モンシロチョウやアゲハチョウの飼育・観察をした経験から、チョウの「さなぎ」にはちがいないけれど、何という名前のチョウかわからない。その場合は、「さなぎ」の形を見て図鑑やインターネットで調べることでしょう。それでもわからない場合は、羽化したチョウを調べるとわかります。最初から「さなぎ」という知識がなく、チョウが完全変態することを知らなければ、解決するのに大変な時間がかかることになります。

⑤複合領域イ（学習知識＋学び合う仲間）

学習知識は、学級の仲間によって促進されたり抑制されたりします。例えば、セミの抜け殻を見つけた子どもが、これはセミの「さなぎ」だと思っていた。でも、教科書には、セミは不完全変態の仲間と書いていて、「さなぎ」の時期はなかった。ある子どもが、セミもチョウのような抜け殻が残っていたのにどうしてだろうと言う。こういった疑問を、学級の仲間と共に解決しようとする風土があるかどうかによって、探究への意欲や態度に大きな差が生じることが考えられます。「学習知識」が活用され、新たな学びにつなげるためには、「学び合う仲間」の力はとても大きく、この二つの円が重なっていることに大きな意味があります。

⑥複合領域ウ（学習方法＋学び合う仲間）

学習方法は、問題解決をするためのツールです。顕微鏡、計算機、パソコン、プロジェクターといった機器、表、グラフ化といったデータ処理、インタビュー、グループ活動といった調査方法等です。様々な授業で、子どもたちが、問題解決の方法を駆使し、経験していることが前提となります。また、問題解決は、一人でできることだけではありません。

「学び合う仲間」がいれば、効率よく、しかも深い学びが期待できます。例えば、昆虫と昆虫でない虫の仲間分けの学習では、虫の好きな子どもは、実際に虫を手にとって脚の数や体の仕組みを調べることでしょう。虫が苦手で図鑑でしか調べることができない子どももいます。子どもたちが、互いに協力して学習すれば、実物と図鑑のそれぞれのよさを生かした学習ができます。また、調べた虫の特徴を見つけるために、体のつくりや脚の数をもとに結果を表にまとめると、昆虫とそうでない虫の特徴がだんだんと明らかになってきます。さらに、昆虫の仲間だと思っていた虫も、例えば、アリは翅がないし、タテハチョウの仲間は脚が4本しか確認できないとなれば、さらに詳しく調べることでしょう。

⑦複合領域エ（学習知識＋学習方法＋学び合う仲間）

学級という集団の中で、いろいろな方法を使って問題解決し、新たな知識を発見したり蓄積したりする。このことを、子どもたちはどうとらえているのでしょうか。この領域は、「学ぶ」ことへの意味や価値に対する子どもなりの回答であり、授業の本質に関わる部分だと考えます。

村井（1978）は、大人は、子どもをどういった性質のものとしてとらえているか。

図2―2に示すa～dの四つのとらえ方をあげて読者に問いかけています。みなさんは、どの考えに近いでしょうか。

【子どものとらえ方】（一部改編）

a　子どもたちは大人が善くしてやらないかぎりそのままではもともとダメなほうに動くものだから、大人の方で善くしなければならない。

b　子どもたちは白紙のようなもので善いもダメもわからないものだから、大人の方で白紙に字を刷り込むようにわからせてやらなければならない。

c　子どもたちにはもともと善くなる可能性が潜んでいるものだから、それを引き出すことによって善くする必要がある。

d　子どもたちは、焦ったり、もがいたりして自

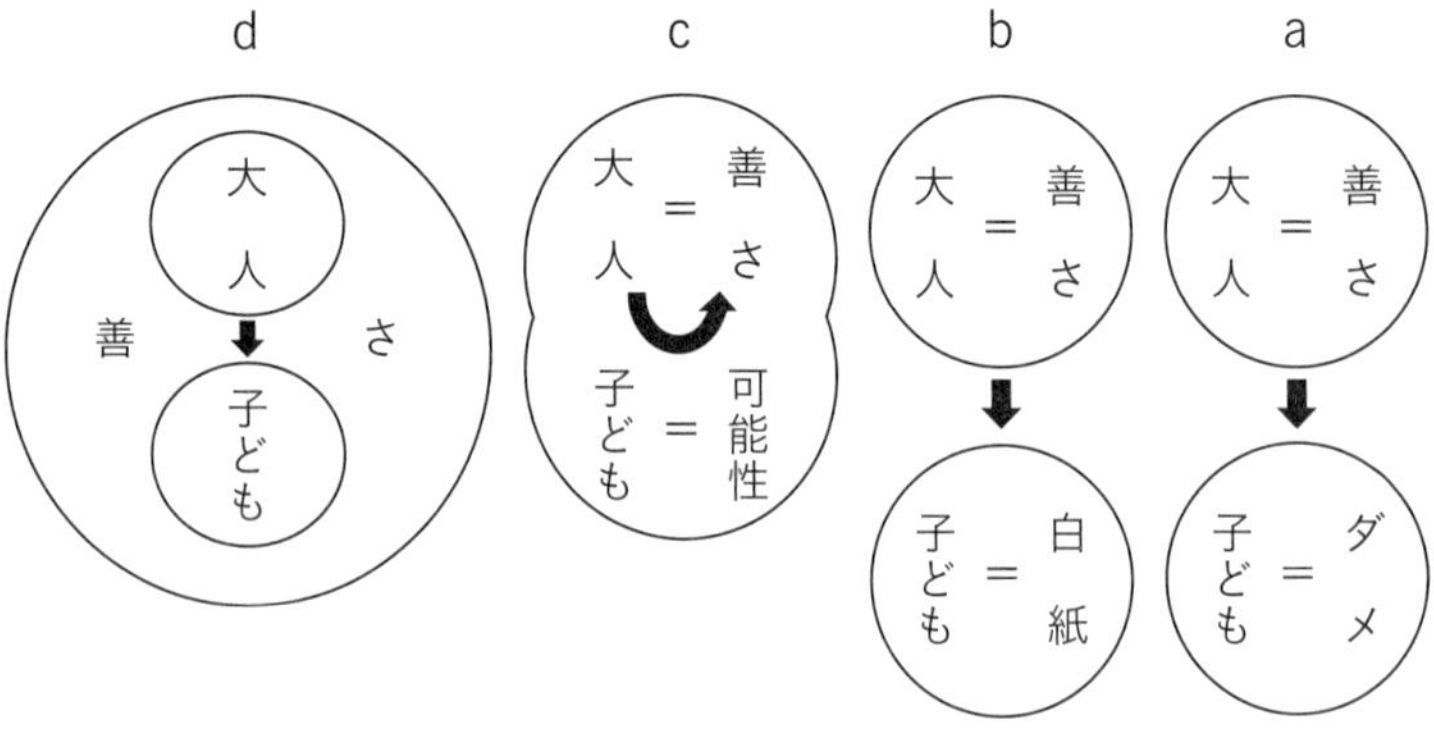

図2-2　子どものとらえ方

身が善くなろうとしている。だから、同じ経験をもった大人が協力するのである。

村井は、a～dの考え方を次のように区別しています。

aとbは、「善さ」は子どもの外に、つまり大人の側にあり、子どもたちはそれを受け入れなければ善くならないという考え方です。

cは、「善さ」は必ずしも大人の側にあるのではなく、子どもの側にも芽生えとしてあり、それを大人が引き出してやるという考え方です。その場合、子どもたちの何を「善さ」と認め、何を引き出すかは大人が決めることになります。したがって、「ほんとうの善さ」は、依然として子どもの外に存在することになります。

dは、「善さ」は子どもにあるわけではなく、大人にもありません。大人は「善さ」を求めている子どもに共感して、自分の過去の経験にもとづいて協力しようとしているだけだととらえています。したがって、「善さ」は子どもにも大人にもあるわけではなく、共通の外側にあって、子どもも大人もただそれを求めているだけということになります。村井は、このdの考え方を支持しています。

このことを、筆者なりに解釈するとすれば、aの考え方は、もともとダメな存在である子どもを大人が善い人間に変えるということになります。また、bの考え方は、子どもは何も知らないうちに大人が白紙に色付けをして善い人間に仕立てるということになります。

aの考え方をもつ教師なら、「遊んでばかりいてはいけません。勉強する子は立派です」「みなさん、○○さんを見習いましょう」といったことを機会あるごとに話せば、遊ぶ子はダメで、勉強する子が偉いといった価値付けができることでしょう。またbの考え方をもつ教師は、「私の教え子は、○○大学に行き海外で大活躍しています」「いい大学に行くと、自分の可能性が広がります」というように指導すれば、大学について何も知らない子どもたちは、自分の将来を拓くにはいい大学にいくことが全てであると認識するに違いありません。さらに、cの場合、例えば、遠投できる肩の強い子どもがいて、その能力を野球のピッチャーに生かせるように育てる。子どもは自分自身の善さに気付かないため、大人が見つけて指導しないといけないという考え方です。しかし、このことはあくまで野球経験がある大人が決めていることであって、子どもがこのことを「善さ」として感じていないことも考えられます。

若松（2019）は、西田幾多郎（哲学者）の「善の研究」について読み解いています。それによると、西田が説く、「主客合一の作用」を次のように説明しています。「『主客合一の作用』がなければ、私たちは美しい絵画をみてもあるいは音楽を聴いても感動することはありません。悲しむ他者の姿をみて、涙を流すこともありません。『主客合一の作用』があるからこそ、私たちは道端に咲く花にいのちを認識するのです」と。さらに、「『一致』の世界には、損得や利害といった関係は成り立ちません。他者の喜怒哀楽は、そのまま『わがこと』になっていきます」。このことをdの場合に当てはめて考えてみると、教師と子どもが損得や利害の関係ではなく、お互いの心を感じ合い、喜怒哀楽を「わがこと」としてとらえる。そういった中で互いに善さに気付いていくということではないでしょうか。このことは、じっと待っていればやってくるものではありません。その機会を教師が創意工夫し、子どもの善さを見つけ、支援する中で善さが育ち発揮されると考えます。

愛媛県内のある小学校の運動会のできごとです。3年生は、団体競技として「綱引き」に取り組みました。運動会の本番までに何回か練習を行います。白組の子どもは、何回しても赤組に勝てません。子どもたちは諦め気分も手伝って、綱を引っ張る力がだんだん弱くなり、その後の練習では圧倒的に、しかも短時間で赤組が勝つようになりました。そんな子どもたちを見かねた担任の先生は、「綱引き」に勝つためには、綱の持ち方、脚の位置、号令のかけ方などいろいろな工夫が必要なことを話しました。勝ちたければ、自分たちで調べたり、練習したりしてごらんと言ったそうです。子どもたちは、それがきっかけとなり、家の人に聞いたり、本で調べたりしました。さらに、休み時間、昼休み、帰りの会の5分間、練習時間を決めて毎日練習したそうです。

いよいよ運動会当日になりました。競技が始まると、驚いたことに、綱が白組の方に徐々に引っ張られていくのです。初めてみた光景でした。そして、白組が勝ったのです。運動場のまん中では、大きく手を広げて歓声をあげる白組の子どもたちの姿が見えます。もし、担任の先生が、どうせ負けるのだからと諦め何も働きかけなかったらどうでしょう。逆に、何としても勝たせたいと思い、ああしなさい、こうしなさいと指示したらどうでしょう。どちらにしても子どもにとって充実感は得られなかったのではないかと思います。いつも負けている自分たちも、もしかすると勝てるかもしれない。そんなヒントが先生から得られ、やってみようと思う。そして、綱を引く方法を詳しく調べたり、練習したりする。工夫し、努力を重ね、やり遂げることによって、協力することの大切さ、諦めない心、達成感など、子どもは、先生や学級の仲間と共に多くの「善さ」を学んだはずです。

こういった機会を子どもに与え、善さに気付かせることが、教師の大事な仕事だと思います。「学び合う仲間」「学習知識」「学習方法」からどういった「善さ」が子どもの中に生まれてくるか。教師は、児童生徒の実態、教材内容、教授方法等をもとに授業を設計します。言うまでもなく教師の授業に対する意欲や人間性（生き方）にも左右され、そのことが子どもの「学習意欲」や「人間性」（生き方）にまで影響を及ぼすことを認識しなければなりません。

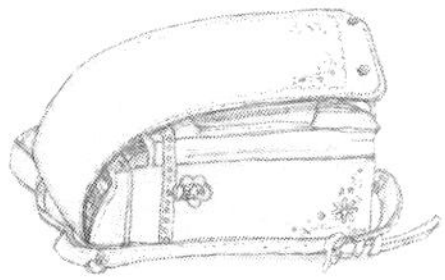

03

教えても伝わらないスキーマ

子どもの内面につくる知識のネットワーク

授業を参観していると、「みなさん、わかりましたか」と教師が問い、子どもたちが声をそろえて、「はい、わかりました」と答える場面によく出会います。教師は、その声を聞いて安心するわけですが、現実はそんなに甘くありません。また、テストの結果がよかったから、授業がよかったと判断するのも早計です。文部科学省による「子どもの学校外での学習活動に関する実態調査報告」（２００８）によれば、２００７年に学習塾に通っている児童の割合は、小学校3年生21％、6年生38％、中学校1年生45％、3年生65％と学年が上がるにつれて増加しています。したがって、学習の理解は、必ずしも授業による効果とは言えないことが考えられます。

教師は、自分自身が日々行っている授業が、子どもたちの「内面」にどう反映されているかを、その過程と結果において確かめながら授業を行います。教師が「育てたい」内容が、子どもが「育つ」内容とうまく合致すればいいのですが、両者の間には壁があり、それを「越境」する努力が必要となります。

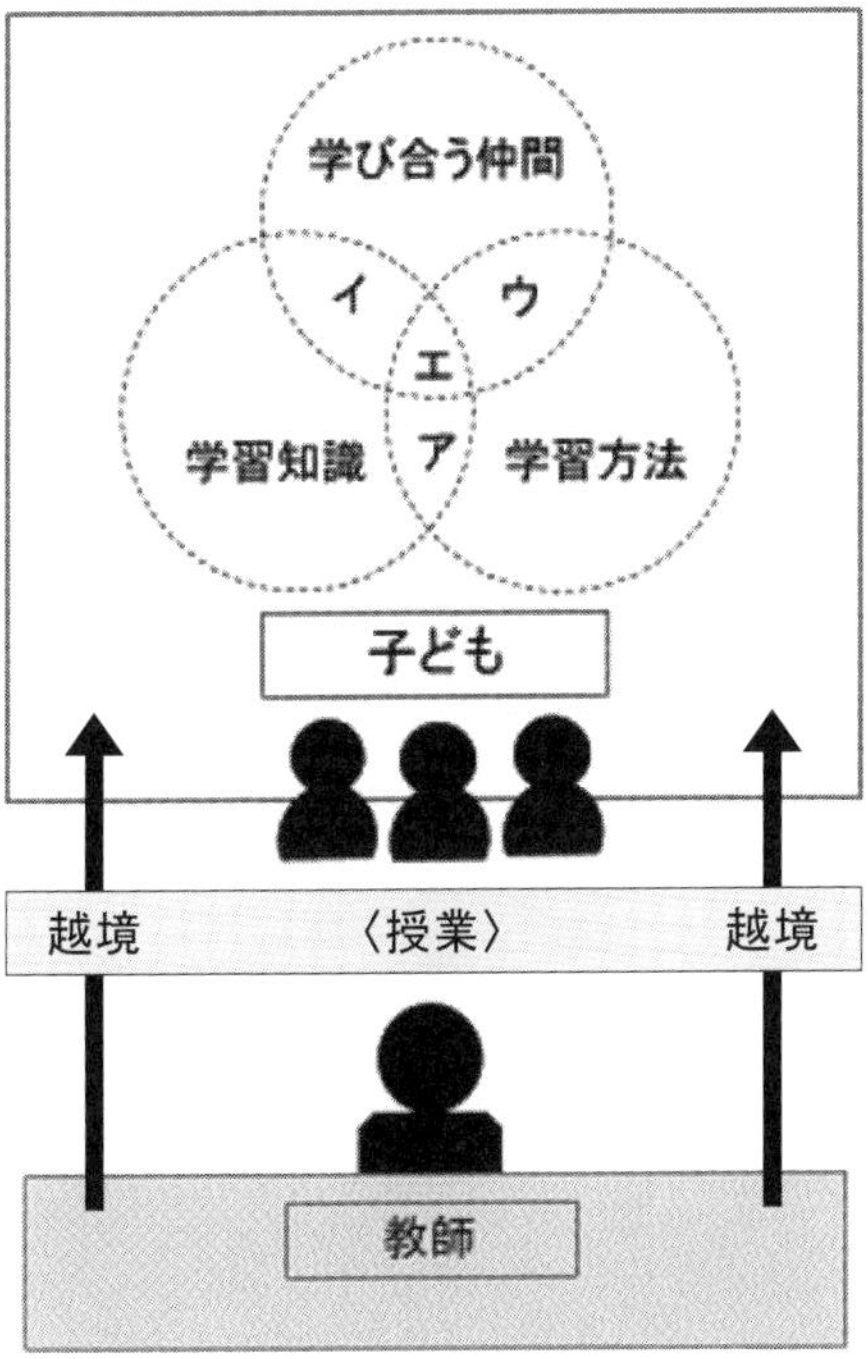

図 3-1　育てたい内容と育つ内容

その壁を越える方法には、次のことが考えられます。

(1) 教師自身が越境し、子どもの学びの世界に加わる

子どもの発言や話合いに耳を傾け、教師の思いや考えもその中に加え、わかる道筋をトレースしながら共につくっていく。このことは、前述の村井が支持するdの考え方、すなわち、「『善さ』は子どもにも大人にもあるわけではなく、共通の外側にあって、子どももも大人もただそれを求めているだけ」にあてはまります。この壁を越える努力をしないと、教師が子どもを理解しないまま一方的に教えたり、「わかりましたね」と理解を強要したりする授業に陥る恐れがあります。

(2) 子どもと教師にズレがないか確かめる

授業中、教師が期待する発言や活動がみられると、「今日の授業は、うまくいった」と思います。また、授業後の話合いで、授業を観察した教師や外部指導者から授業のよいところを評価されると、「この授業でよかったんだ」と納得します。しかし、ここで気を付けなければいけないことは、授業者も授業を見ている観察者も、授業における外的な手が

かり（発言、表情、学習態度など）によって「この授業はよかった」とか、「そうでなかった」と評価しているにすぎないということです。さらに、外的な手がかりといっても、発言した一部の子どもの場合もあり、必ずしも学級の子ども全員ではありません。「越境」するということは、子どもの「内面」にまで及び、はじめて理解できるのであって、外的な手がかりだけで安易に判断できるものではありません。

図3-2は、２０１８～２０１９年に実施した愛媛県内の小学校の三つの理科授業（授業者の教職経験年数は20～23年）を参観した教師の授業後の話合いを録音・再生し、文字化したデータをもとに、どういった観点で話合いが行われていたかをグラフに表したものです。これによると、授業を参観している教師は、指導方法（63％）に最も関心が高く、次に子ども（28％）、教材（9％）でした。こういった傾向は、この学校に限らず他校の授業後の話合いでもよくみられます。授業を参観する教師は、「指導方法」に関心が高く、「別の指導方法の方がよかったのではないか」「私だったらこういった指導方法

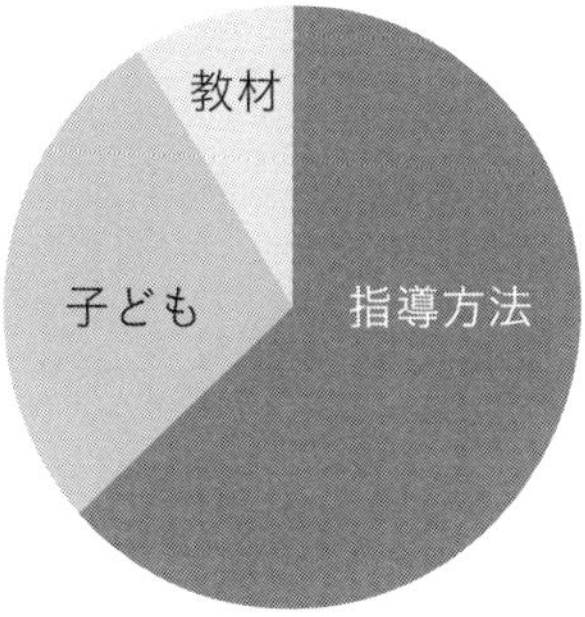

図3-2　授業後の話合いの内容

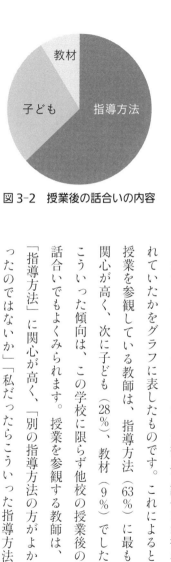

で授業をする」といった発言が話合いの中心になります。教材についても同様であり、「もっと教材分析をする必要がある」「新たな教材開発をしてみたらどうか」といった意見はよく出されます。授業後の話合いのこの事例では、指導方法と教材を含めると約7割にもなります。現実に子どもを話題にしているのは3割程度にすぎません。

ところで、我が国の授業研究（Lesson Study）は、スティグラー（Stigler. J. W）らが1999年に出版した『ティーチング・ギャップ（The Teaching Gap）』をきっかけに、世界から注目されるようになりました。「学びの共同体」や「同僚性」といった、我が国の授業研究の特徴が子どもの学力や教師の授業力向上につながっているというものです。確かに、明治時代から続いている我が国の授業研究は、教師たちの授業経験を分かち合い、共同で研究することにより、互いの指導力を向上させることができたと考えられます。ただ、この例からすると、その内容は「指導方法」や「教材」に主眼が置かれた授業研究だったのではないでしょうか。

授業研究における「子ども」に関する話合いがなぜ少ないのか。

授業者は、授業後に、例えば「導入の場面で子どもの問題意識が低かったので発問を変えた」とか「まとめの場面でグループの話合い活動を取り入れることにより、子どもたちの理解が深まった」というように、授業の「いつ」「どこで（どの授業場面）」「どういった（内容）」という「内面」を振り返ります。そのため、観察者はこれらの発言をもとに、授業者の「内面」を知ることができます。

しかし、子どもに関しては、授業中の発言や表情、学習ノートの記録、授業後の感想などといった外的な、しかも断片的な手がかりをもとに判断するしかありません。授業を中断して子どもの考えや思いをインタビューすることはできませんし、授業後の教師たちの話合いに子どもたちを参加させることも不可能です。

筆者ら（渡辺・吉崎　1991）は、この問題を解決するために「再生刺激法」を開発し、その後改善を加え、学校現場で授業研究・授業改善のツールの一つとして活用しています。このことについての詳細は、次章で述べることにします。

(3) 授業後の評価で確かめる

教師は授業を終えた後、子どもたちは学習内容が理解できただろうか、知識は身に付いただろうか、と自問自答します。学習内容を子どもが理解できていなかったり、知識が身に付いていなかったりすると、次の学習に支障をきたすことになるからです。一般的に、人は物事を理解するために、自分がもっている「知識」を無意識のうちに取り出して使っています。ですから、誤った知識であったり、不十分なままの理解であったりすれば、新たな知識を獲得するうえでの支障になります。また、知識は、意味のない単語を記憶しているのではなく、様々な情報や事象を伴って一つのまとまりとして記憶しています。例えば、ごちそうが並べられたテーブル、その真ん中にはケーキが置かれ、火のついたローソクが立っている、主役を囲む人たちの楽しそうな笑顔と拍手……、そんなシーンが映りだされているのを見ると、説明がなくても「誕生パーティー」だとわかります。これは、「誕生パーティー」という単語に関係する言葉、文章、映像、経験などが既に記憶されている、すなわちスキーマをもっているため、理解できるのです。もしスキーマがなければ、関係する単語をいちいち検索し、単語相互に共通している関係を調べ、特定しなければなりません。これは大変な作業で多くの時間がかかります。スキーマがあるおかげで行間を推測し、状況を理解できるのです。

ただ、スキーマは、そんな便利な働きをする一方、少々やっかいなところもあります。今井（2016）によれば、「スキーマは、人の自然な世界の認識のしかたを反映して自分でつくるものであるので、それをことばで直接教えることはできない。（中略）それをつくらないようにすることもできないし、『科学的に正しいスキーマ』を子どもに直接教えることもできない」と言っています。授業で言えば、スキーマのつくり手は、あくまで子ども自身であって、教師が教えて伝わるものではないということです。つまり、子どもが主体的な学び手となり、正しい知識を身に付けることで、個に応じたスキーマができることになります。このことからも、子どもが積極的に学ぶ「授業づくり」が何よりも大事だと言えます。そのために、教師は、授業後に子どもにどういったスキーマができているかを見届ける「評価」を用意しておく必要があります。

次に示す小テストは、大分大学教育学部附属中学校で教育実習を行った学生（理科）が作成した授業後の評価問題です。

【授業内容】

単元名：中学校2年理科　化学変化と原子・分子「いろいろな化学変化―還元」

ねらい：還元は酸化物から酸素を取り除く反応であり、酸化と逆の反応であることがわかる。

授　業：酸化銅から銅を取り出す方法を考えて実験し、結果をもとに考察し、化学反応式に表す。

問1は、理科とは関係ない社会科に関する問いです。酸化銅の還元を化学反応式で表すことができれば、理科のねらいは達成です。しかし、その知識が他の教科や生活につながっていることがわかると、さらに学ぶ意味が広がり新たなスキーマができます。銅の歴史は、海外ではすでに紀元前から始まっていました。わが国では、弥生時代に朝鮮半島から青銅文化が伝わり、奈良時代になると大仏の建立がきっかけとなり銅の製造が盛んに行われます。生徒は、このことと酸化銅から銅を取り出すことが関係していると考えているでしょうか。おそらく歴史で学んだことと、理科で学んだことは別の

問1　日本で銅が作られたのは何時代でしたか？　（　　　　　）時代

問2　酸化銅から銅を取り出す方法を、A さんは「炭素の代わりに、水素でもできるのではないかな？」と言いました。A さんは、どんな化学反応式を考えているのでしょう。（　）に書いてください。

酸化銅　＋　水素　→　（　　　　）＋（　　　　）

CuO　＋　（　　　　）　→　（　　　　）＋（　　　　）

問3　A さんの考えている「還元」の方法について、次のキーワードをできるだけ多く使って説明してください。（キーワードは、何回使ってもかまいません。）

キーワード【 酸素 ・ 水素 ・ 酸化 ・ 還元 ・ 結び付きやすい物質 ・ 取り除く】

図 3-3 「還元」に関する小テスト

ものとしてとらえていると思われます。酸化銅に炭素を入れて混ぜ、それを試験管に入れて加熱する。はじめ真っ黒だった酸化銅と炭素の粉からきらきらと光る赤褐色の銅がわずかに現れる。これは理科の授業ですが、歴史のことに少し触れるだけで、子どもたちは、「そういえば大仏建立時に、銅はどのようにしてつくられたのだろう」「どれくらいの銅が必要だったのだろうか」「人手や工事費を考えると、いくらくらいの費用がかかったのだろう」などと、時代をさかのぼり想像をめぐらすものと思います。教師の教材研究と、中学校の教科担任同士の「越境」の大切さに気付きます。問1は、子どもの中に、銅の製造やそれにまつわる文化が、小学校や中学校の歴史の学習と結び付いているかを調べるために設けています。

問2は、酸化銅と炭素を使って「還元」を学習した生徒に、「水素」を使って還元できるかを問う問題です。

- 正解できない生徒は、酸化銅に加えた炭素の働きや化合、酸化、還元の仕組みが理解できていないことが考えられます。
- 正解した生徒は、「炭素でなく水素でも同様の化学変化が起こるはずだ。水素と酸素が結び付けば水ができる。そうすれば酸化銅の酸素を取り去ることができる。酸素と結び付きやすい物質を使えば炭素でなくてもいいはずだ」と考えます。そのように考えることができるのは、酸化銅と炭素の学習でできたスキーマや、物質に関する知識が働いたためだと思われます。もしそのようなスキーマや知識がなければ、酸素と水素を結び付ける発想は生まれてこなかったでしょう。

問3は、「還元」にかかわるキーワードを使って説明する問題です。六つのキーワードをすべて使って説明できる生徒もいるでしょうし、三つか四つしか使えない生徒もいるでしょう。全てのキーワードを使っているからといって正しく説明文が書けているとは限りません。この問題からは、「還元」についての生徒一人一人の理解の仕方や誤りの内容を把握することができます。生徒の知識やスキーマを知ることができ、実施した授業内容と対比することにより、授業の「どこを」「どのように」改善すればよいかを考える手がかりにもなります。

今井は、「熟達していくうえで大事なことは、誤ったスキーマをつくらないことではなく、誤った知識を修正し、それとともにスキーマを修正していくことだ」と言っています。これは、生徒だけでなく教師にも言えることです。そういった意味からも、学習評価を単に点数のみで見るのではなく、授業における生徒と教師の「内面」をもとにした学習理解と授業改善を並行して進めていく必要があります。

実習生が作成した評価問題を使って、実際に愛媛県内の公立中学校2年生の1学級（34名）で調べた結果を次に示しています。この学級で評価問題を実施したのは9月中旬で、「還元」の授業は6月下旬にすでに終えています。（なお、実習生の授業で実施できなかったのは、評価問題を準備していたものの授業時間内に実施できなかったためです。）

【調査結果】

並び替えは、理科だけでなく全教科を通して成績上位、成績下位の生徒それぞれ20％ずつの生徒をグループにしました。

①理科と歴史について（問1）

問1は、「日本で銅がつくられた」という設問であり、「日本に銅が伝わった」という設問ではありません。このことについて中学生は、歴史で詳しく学習していません。しかし、成績上位グループは、弥生時代の青銅器文化に関係しているのではないかという見通しがあるためか、時代の選択に大きな差は見られませんでした。教師が、ほんの2～3分、理

表3-1　小テストの結果

		問1	問2		問3						
成績	生徒	時代	言葉	記号	酸素	水素	酸化	還元	結び付きやすい物質	取り除く	理解の状況
上位	1	弥生	◎	◎	□	□		□	□	□	◎
	2	古墳	◎	◎	□	□	□	□	□	□	◎
	3	弥生	◎	◎	□	□	□	□	□	□	◎
	4	弥生	◎	◎	□	□	□	□	□	□	◎
	5	弥生	◎	◎	□	□		□	□		◎
	6	弥生	◎	◎	□	□	□	□	□	□	◎
	7	縄文	●	◎	□	□		□	□	□	◎
中位	8	弥生	◎	◎	□	□		□	□	□	◎
	9	石器	●	◎	□	□	□	□			●
	10	明治	◎	◎	□	□	□	□	□	□	△
	11	弥生	◎	●	□	□	□	□	□	□	◎
	12	弥生	◎	●	□	□	□	□	□	□	◎
	13	明治	◎	◎	□	□	□	□	□	□	●
	14	明治	◎	●	□	□	□	□	□	□	△
	15	弥生	◎	◎	□	□	□	□	□	□	●
	16	奈良	◎	◎	□	□	□	□	□	□	●
	17	明治	◎	◎	□	□	□	□	□	□	◎
	18	明治	●	●	□		□	□			●
	19	縄文	●	●	□					□	●
	20	古墳	●	◎	□	□	□	□	□		△
	21	平安	◎	◎	□	□	□		□	□	◎
	22	室町	◎	◎	□	□		□	□	□	△
	23	弥生	◎	◎	□	□		□	□	□	◎
	24	江戸	●	●							●
	25	江戸	●	●	□		□	□	□		●
	26	江戸	●	●	□	□		□	□	□	●
	27	弥生	◎	●							●
下位	28	鎌倉	●	●	□	□		□	□		△
	29	弥生	●	●							●
	30	江戸	●	●	□	□	□	□			●
	31	江戸	●	●							●
	32	弥生	●	●	□	□	□		□	□	●
	33	江戸	◎	●				□			●
	34	弥生	●	●							●
				計	28	25	19	26	24	21	

◎・・・正答　△・・・理解不十分　●・・・誤答
□・・・使用したキーワード

科の学習と関連させた歴史の学習を想起させれば、「銅」というキーワードがきっかけで新たなスキーマができる可能性があります。

一方、成績中位や下位の生徒は、石器時代から明治時代にかけて多くの時代が選択されています。「銅」を作る技術や外国とのつながり、時代背景などをもとに推測することが不十分なことが考えられます。もしかすると、それぞれの知識が整理されず、ばらばらのままに記憶されているのかもしれません。せっかく記憶された知識が生かされていないことになります。そうだとすれば、とてももったいないことです。

こういったことは、例えば授業の中で「階層性」を考えた単元構成や授業展開ができているかという教師の振り返りにつながります。「今日は鉄を使った酸化の勉強をします」「次回は酸化銅を使って還元の勉強をします」と言って授業を進めることがよくあります。これは、酸化銅を使った方が還元の実験が容易にできるからです。しかし、生徒は、今日は「鉄」なのに、次回はなぜ「酸化銅」なのか、「酸化鉄」を使った還元の勉強をなぜしないのか。そんな疑問をもっていることでしょう。できれば、「鉄」が酸化して「酸化鉄」になり、「酸化鉄」を還元させて「鉄」にする。これと同じ考えで、「酸化銅」も工夫すれば「銅」を取り出せるはずだと考えることができる展開なら納得できます。スキーマをつくるには、互いの知識と知識の関連性をもたせ、子どもの内面に「なるほど」と感じられるような合理的なネットワークをつくることです。そのために教師は、「階層性」を考えた授業展開を工夫する必要があります。

②化学反応式について（問2）

問2は、化学反応式を言葉と化学記号で書く問題です。回答数68個のうち、誤答は30個。ほぼ半分の生徒（44％）が間違っていました。特に、成績上位と成績下位のグループは、正反対の結果でした。成績上位のグループは、93％が正解なのに対し、成績下位グループの正解は、わずか7％でした。また、成績中位グループの正答率は60％でした。こういった傾向は、他単元や他教科でも予想されます。解決するためには、生徒の内面を教師がタイムリーに把握し、課題を解決するための授業改善が望まれます。この事例のように、授業後に短時間で実施できる小テストを手がかりに授業を振り返り、改善するのも一つの方法と言えます。

③キーワードについて（問3）

一覧表を見ると、「酸化」のキーワードを選択した生徒は19人で最も少なく、次が「取り除く」の21人でした。特に「酸化」については十分理解できていなかったために選択されなかったことが考えられます。このことについては、改めて指導する必要がありそうです。

成績下位の生徒は、キーワードを使って説明することができていませんでした。キーワードの意味と、それらを相互にどう関係付ければよいのかが理解できない状況が考えられます。

また、問2が二つとも正解で、キーワードもすべて使っているにもかかわらず、文章を見ると誤っている生徒が13番、15番、16番でした。また、キーワードを使った説明はできているものの、逆に化学反応式に表せない生徒が、11番、12番です。キーワードを使って文章表現することは、ある意味、生徒の「内面」を表出させることでもあります。

このように生徒一人一人の理解の仕方を見ると、とても複雑なことがわかります。だからこそ、教師は、生徒の理解の状況を丁寧に確かめなければなりません。特に、授業の終末における「振り返り」や「まとめ」の段階はとても大事です。それなのに、「今からま酸素が結びつきやすい物質のため銅が酸化し、そして水素を合わせて燃えやすい酸化銅が還元される。……

(13 番の生徒)
※水素が酸化されることが理解できていない。

酸素と炭素は酸化すると二酸化炭素になり、酸素と水素が酸化すると水になるので……。

(15 番の生徒)
※酸化について理解できていない。

酸素を還元すると水素になり、……。

(16 番の生徒)
※還元について理解できていない。

$CuO+H_2 \rightarrow 2Cu+2H_2O$
(11 番の生徒)
※化学反応式が理解できていない。

$CuO+H \rightarrow Cu+H_2O$
(12 番の生徒)
※化学反応式が理解できていない。

図 3-4　誤った理解をしている生徒

とめをします。先生が黒板に書くことをノートに書きましょう」というスタイルの授業をよく見かけます。果たしてそれでいいのでしょうか。

教師は、子どもがこの授業でどういった理解をしているのか、「内面」を知らなければなりません。そのために、生徒にこの「まとめ」でいいのか問う必要があります。もし「修正」しないといけない場合は、「どこを」「どのように」修正すればいいのか。また、それは「なぜなのか」を生徒と教師がしっかりと吟味する。こういった過程を通して、誤った理解をしていた生徒は、正しい理解へ修正され、すでに理解できている生徒は、自分の理解で正しかったことに自信をもつことができます。このことが「まとめ」の大事な役目だと考えます。一字一句に神経を注ぎながらつくりあげていくこのプロセスは時間がかかります。しかしながら、このプロセスがすなわち知識のネットワークを正しくつくることにつながり、スキーマができる大事な時間となるのです。

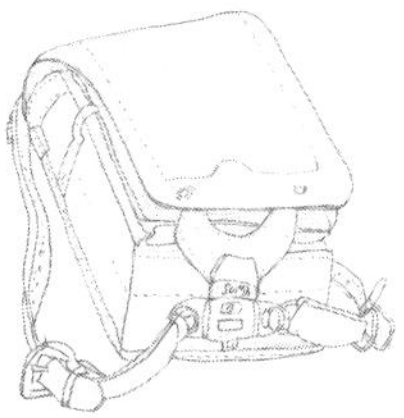

04

子どもの内面からつくる授業

子どもの内面を知ることで授業を変える

絵本作家のかこさとしさんは、「からすのパンやさん」「だるまちゃんとてんぐちゃん」「どろぼうがっこう」など500点以上にも及ぶ絵本や童話などを残しました。19歳で敗戦を迎え、大学に戻ったものの何をしていいかわからなくなっていたところ、たまたま「演劇研究会」の貼り紙が目にとまったそうです。彼の仕事は、表舞台ではなく、小道具や舞台美術の裏方が担当でした。ほぼ3カ月に一度、地方公演を行う機会があり、そこで出会った率直で嘘のない子どもたちの反応に魅せられたことが、結果的に絵本の道に進むきっかけになったと言います。

かこさんの作品の魅力の一つに、「多様性」があります。「からすのパンやさん」では、かめパン、かにパン、かぼちゃパンなど、84種類もの多種多様なパンが描かれています。お客のカラスの子どもたちもよく見ると、セーラー服を着た子もいれば、帽子をかぶった子、リボンを付けた子もいます。子どもたちはその一つ一つを見ながら、指で差しながら、どれ一つ同じではないパンやカラスのおもしろさ（多様な世界の存在）を発見します。

かこ（2016）は、『ちっちゃな科学』の中でこう語っています。「僕がもっとも興味を引かれたのは、子どもが関心をもち、向かって行く対象がきわめて多様なことでした。（中略）『子どもはみんなカブトムシが好きだろう』というのは、大人の浅はかな考えです。どんなに立派なカブトムシやクワガタを用意したって、アリが好きな子は、その辺を歩いているアリを見る。ダンゴムシを100匹集めたから、学校で100点もらえるわけじゃないのに、夢中になってつかまえる。それが本当にその子の『やりたいこと』であり、そこにこそ子どもの『個性』が表れるのです」

もしかすると私たち大人は、子どもたちの「内面」を知る努力もしないで、やれ昆虫の脚の数を数えなさい、翅の数は何枚でしょう、などと問いかけているのではないでしょうか。教えなければいけない内容だけに目を向けさせ、それ以外の発見は取り上げない授業を行っているのではないでしょうか。子どもが、窓ガラスを歩くことができるテントウムシの脚の不思議さや、アオスジアゲハやオオムラサキの翅の色の美しさに心が動いたとしても、そのことは教師から評価してもらえないのです。

たかが一匹の昆虫と思われるかもしれませんが、昆虫は、4億年も前から地球上に住み続け、現在の地球上の生物種の6割（約１００万種）を占めるまでの繁栄を続けています。その要因は、翅や脚といった昆虫の体のしくみが大きく関係していると言われています。確かに、体長の10倍以上もジャンプできるバッタの脚と翅、小さい体ながら重い荷物もせっせと運ぶことができるアリの脚力、飛んでいる虫を素早くキャッチすることができるトンボの目と翅など、多様性に富んでいます。この多様性こそが生き物の世界の基本です。さらに、昆虫の特徴である、頭・胸・腹に6本の脚という基本構造に対して、デザイン、色、大きさ、形が違う昆虫がなんと約１００万種類もいるわけです。こんな多くのデザインをだれが考えたのでしょう。驚くべきことだと思いませんか。自然の不思議さを、昆虫の体のつくりの学習とともに子どもの「内面」に展開させれば、とてもわくわくする学習になりそうです。

このように、子どもの内面世界を広げると、子どもたちの知的欲求はますます高まると考えます。授業は、子どもたちに活用できる知識やスキーマをつくるプロセスです。このことがきっかけとなり、子どもたちが、昆虫に興味をもてば、さらにその知識が別の知識とつながり、新たなスキーマが次々と生まれます。小学生が中学校の内容を、中学生が高校、大学の内容へと広がる可能性も出てきます。そんな学びの魅力に気付かせ、学びを発展させようとする力を付けることが、授業の大事な使命の一つだと考えます。

　大分市内の公立中学校に勤務する数学教師である牧（2020）は、「授業」と「家庭学習」を結び付けた「学びのサイクル」を考案しました。**図4－1**は、その概要です。これは、一口に言えば学校が課す家庭でのドリルや復習問題の見直しです。生徒が、宿題を「やらされている」から、「やりたくな

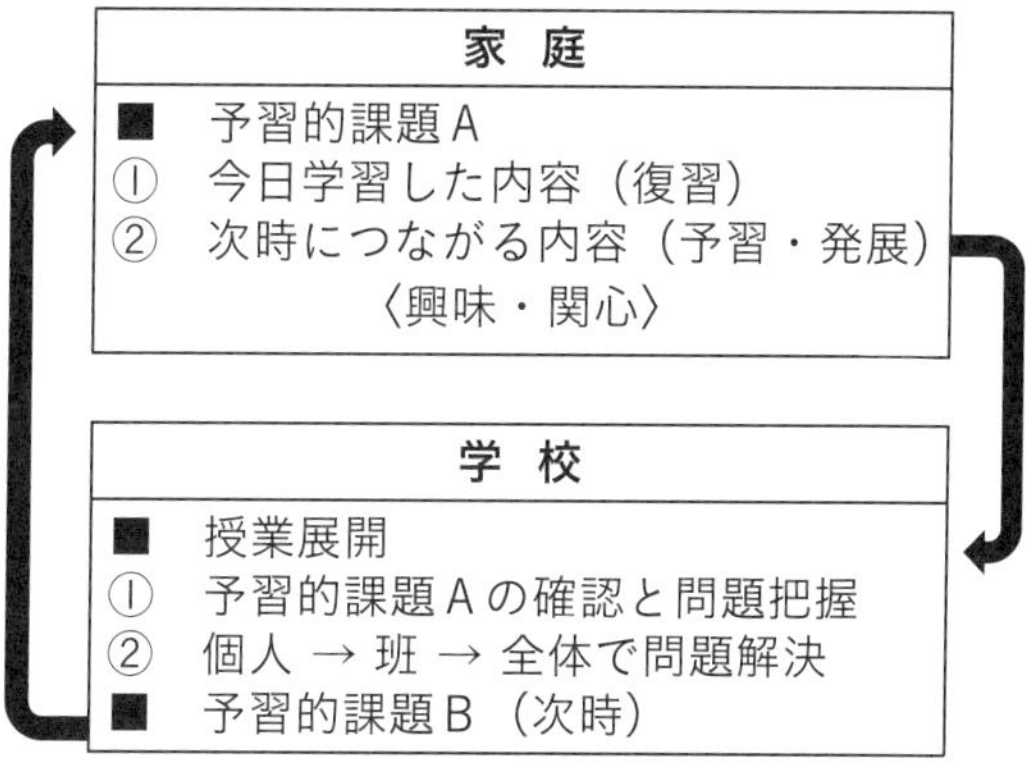

図4-1　学びのサイクル

る」家庭学習への転換です。「反転学習」に構造が似ていますが、次の点に工夫が見られます。

- 子どもの「内面」を大切にし、興味・関心がもてる教材を用意する。
- 予習的課題は「復習」と「発展」で構成し、両者の違いがわかるようにする。
- 授業では復習問題の習得状況を確認したうえで発展学習に進む。
- 授業では家庭で考えた友達の多様な考え方を共有できるようにする。

図4-2は、第2学年「一次関数」で行った「予習的課題」です。この中で、かたつむりが、「一定の速さで、2時間かけて4m登る」が今日学習した内容（復習）です。これができないと、今日の学習が理解できていないことになります。「一定の速さで1時間かけて1mずり落ちる」「その場で1時間休む」が、次時につながる内容（予習・発展）となります。生徒は、どんなグラフになるのか、とてもわくわくしたそうです。

保護者から教師に、「先生、最近、数学の宿題が変わりましたね。たった1枚のプリントを子どもがゲームもしないでずっとしているのです。子どもに聞くと、面白いからしているというのです。こんな子ども、はじめてみました」「このあいだは、私（保護者）も子どもと一緒に考えました。とても面白かったです」といった話があったそうです。

一方、生徒からは、「グラフにかいたら面白い形をしていたのでびっくりしました」「この問題の応用問題を自分で作ったら面白いと思います」「他の人が作った問題も解いてみたいなと思いました」といった感想が多く見られました。また、牧はさらに成果を二点あげています。

一点目は、予習的課題の平均実施時間に関して、成績下位グループの生徒

第(5)回　頑張れかたつむりくん。

かたつむりが10mの壁を登って、壁の上にあるえさを食べようとしています。かたつむりは、次の〔1〕、〔2〕、〔3〕を〔1〕、〔2〕、〔3〕、〔1〕、〔2〕、〔3〕…の順に繰り返して進んでいきます。

〔1〕一定の速さで、2時間かけて4m登る。
〔2〕一定の速さで、1時間かけて1mずり落ちる。
〔3〕その場で一時間休む。

(1) かたつむりが壁を登り始めてからx時間後の高さをymとします。
かたつむりが10mに達するまでのxとyの関係をグラフに表しなさい。

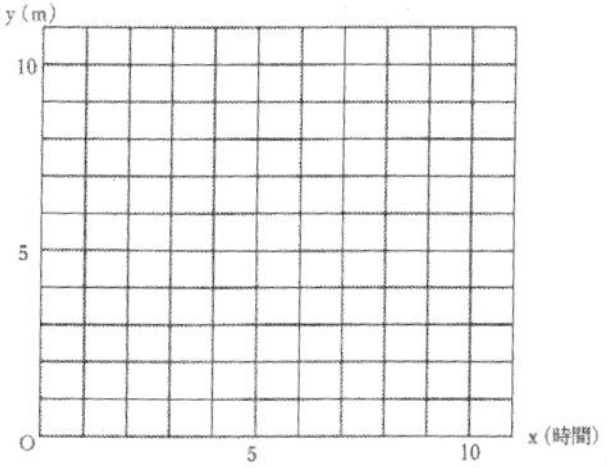

(2) かたつむりが10mに達するのは何時間後ですか。どこを見ればよいかも説明しなさい。

(3) グラフを参考にオリジナル問題を作ってください。答えも求めること。

今日の宿題は・・・・

すごく面白い	面白い	普通だ	つまらない	感想	
かかった時間　(　　　　)分					

2年(　)組　(　)番　名前(　　　　　　　　　　)

図4-2　予習的課題例

は35分（成績上位グループ15分）と、時間はかかるもののあきらめずに宿題をしてくるようになったことです。

二点目は、平成30年度大分県高等学校入学選抜学力検査（第一次）の活用力を調べる確認テストの結果（**表4-1**）が、全県の平均値を大きく上回ったことです。

なお、予習的課題は、これ以外にも、「水面が高くなった水槽はどちら？」「太郎君のおつかい」「どんな絵があらわれるかな？」「牧先生に出会うのは……」などがあります。

これらの結果だけで、この方法が効果的と判断するのは早計です。今後も継続した実証研究が必要ですが、この実践事例のように、生徒の「内面」に働きかける工夫を教師がすれば、生徒が変わる可能性は大きいと言えます。

ところが、こういった子どもの多様性や一人一人の学習の興味・関心が生まれる授業の実現は、簡単ではありません。

その原因の一つ目に、教師の多忙さが挙げられます。今までの

表4-1 「活用力」確認テスト結果（数字は点数）

問　題	対象クラス	全県
(1)正比例のグラフ	76.5	60.6
(2)一次関数のグラフの読み取り	52.9	40.1
(3)一次関数のグラフの活用	8.8	5.9

授業スタイルを変更しようとすれば、そのための新たな準備時間が必要なため、慣れている授業スタイルに留まろうとしてしまいます。

二つ目は、教師―児童生徒、教える側―教えられる側といった「縦の関係」があります。したがって、授業の主導権は教師がもたなければならないというアンコンシャスな使命感が存在しているのです。

三つ目は、教師が日々の授業を振り返るための、第三者から指導や助言を得る機会が少ないことです。そのために、授業の修正や改善のための具体的な手がかりが得られにくいのです。

授業は、子どもと子ども、子どもと教師が学び合う場です。学ぶことに上下関係は必要ありません。学級に虫が大好きな虫博士の子どもがいれば、他の子どもだけでなく教師まで でも虫の世界に案内してくれます。明日の天気を予想する学習をすれば、みんなで翌日の天気を確かめるのが楽しみになります。学ぶことによって生活や人との関係がより豊かで楽しくなる。そんな学びを教師と子どもが共につくっていく、「横関係」の学びの必要性を感じます。ちょうど、親子がとなり同士で絵本を楽しむ姿に似ています。

こういった「横関係」の授業を行うにはどうすればよいか。そのためには「授業の相対化」が重要です。これは、一般的な授業研究でも見られます。授業を観察した教師や外部指導者が、授業のよいところや問題点などを出し合い、改善するものです。明治時代から行われてきたこの方法は、教師の授業力向上に大きな役割を果たしてきました。

一方、次のような問題点もあります。

- 教師間の同僚意識が働き、本音で意見を言えない。
- 限られた外的な手がかり（発言・表情など）による話合いである。
- 支配力の強い発言者の考えや多数派に結論が導かれる傾向（同調）がある。
- 学校現場にありがちな慣習（授業のよい点を主に発言し、問題点はなるべく発言しないことなど）に左右される。

したがって、相対化できているかと言えば必ずしもそうとは言えません。さらに、授業は教師と子どもとのダイナミックな相互作用過程にもかかわらず、授業の当事者である「子ども」からの情報が極めて乏しいということもあります。そんな中での話合いは、「授業の相対化」をさらに難しくしていると言えます。

こういった問題点を解決するため、筆者ら（1991）は、授業における子どもの内面をとらえる方法を開発し、授業研究に活用しています。「再生刺激法」という方法です。

なお、この方法を最初に用いたのはBloom（1954）であると言われ、討議場面での生徒の思考過程を把握するために用いています。また、Peterson（1982）らは、アメリカのウイスコンシン州の小学校の5・6年生72名の「確率」の授業で、授業終了後、1グループ6名ずつ授業のビデオを見せ、その時に考えていたことや理解できたかどうかをインタビュー法で調べています。「再生刺激法」は、これまでとらえることが困難だった授業における子どもの内面過程を把握できる点に大きな特徴があります。ところが、Petersonらが実施した方法を調べてみると、実施上の問題点や方法上の不明確な点が明らかになりました。例えば、次の事柄です。

- インタビューを実施するのに時間がかかる（6人のインタビューに1時間）。
- 子ども3人を撮影するのに1台のビデオカメラと撮影者を要する。
- インタビューの仕方を修得した質問者が多数必要である。
- 授業場面の撮影の方法。何を（だれを）、どこから、どのように撮影すればよいかが明確ではない。
- 算数以外の教科でも活用可能かは不明である。
- 授業の録画場面のどこを子どもに見せればいいのかが書かれていない。

・わが国で一般的な多人数の一斉授業でも可能かどうかについては検討されていない。

こういった事柄を明らかにするために、録画の方法（カメラの撮影位置）、再生の方法（再生場面、再生時間）、情報収集の方法（インタビュー法、質問紙調査法）、教科（算数以外の理科で実施）、調査所要時間などについて検討しました。その結果、わが国で一般的に行われている30人前後の一斉授業においても、子どもの内面過程の把握ができることがわかりました。このことで、授業における教師と子どもの「授業の相対化」が可能になり、子どもの実態を基盤とした授業研究や授業改善に活用することができるようになりました。

なお、「再生刺激法」の開発当初は、子どもの質問紙による回答でしたが、その後、調査時間が短くてすむマークシートとスキャナーによる回答に改善しています。

「再生刺激法」の実施方法の概要は次のとおりです。

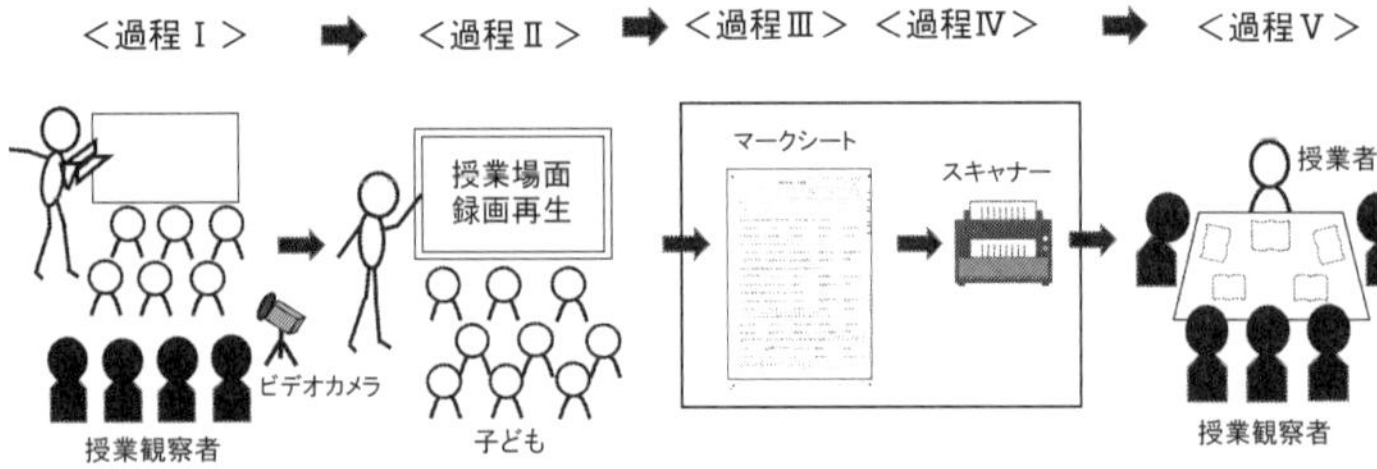

図4-3 「再生刺激法」の実施方法

①過程Ⅰ

ビデオカメラを教室の後方に置き、撮影する。

②過程Ⅱ

授業終了後、授業のキーとなる場面を選び、子どもに視聴させ、その時に思っていたことや考えていたことをマークシートに記入・報告させる。

③過程Ⅲ・過程Ⅳ

マークシートをスキャナーで処理する。授業後の話合いに提供するための資料を作

図 4-4　過程Ⅰ

図 4-5　過程Ⅱ（授業場面の視聴）

図 4-6　過程Ⅱ（記入・報告）

成・印刷する。

④過程Ⅴ

資料をもとに話合いを行い、授業改善、教師教育に活用する。

なお、「再生刺激法」を実施する際に使用したマークシートは、**図4-9**です。

次章は、「再生刺激法」を使った授業と分析結果について、いくつかの実践事例をもとに述べたいと思います。

図4-7　過程Ⅲ、Ⅳ

図4-8　過程Ⅴ

問1 この時,「何を考えていましたか？」(1つだけ☑)
○理科の勉強 ○友だちのこと ○あそびのこと ○ボーとしていた ○その他（ ）

問2 この時,「勉強がよくわかっていましたか？(1つだけ☑)
①とても ②だいたい ③半分 ④あまり ⑤ぜんぜん

■わかったヒントは何ですか？(①～②の人 ☑は1～3こ)
○黒板の絵や字 ○教科書など ○実験・観察 ○先生の説明 ○友だちの考え
○自分の考え ○前に習ったこと ○家での勉強 ○その他（ ）

■わからなかったことは，何ですか？(③～⑤の人 ☑は1～3こ)
○黒板の絵や字 ○教科書など ○実験・観察 ○先生の説明 ○友だちの考え
○自分の考え ○前に習ったこと ○この勉強 ○その他（ ）

問3 この時,「勉強がおもしろかったですか？」(1つだけ☑)
①とても ②だいたい ③半分 ④あまり ⑤ぜんぜん

■何がおもしろかったですか？(①～②の人 ☑は1～3こ)
○実験・観察 ○理科の勉強 ○先生の考え（話） ○友だちの考え ○自分の考え
○わかるから ○むずかしいから ○勉強のしかた ○その他（ ）

■何がおもしろくなかったですか？(③～⑤の人 ☑は1～3こ)
○実験・観察 ○理科の勉強 ○先生の考え（話） ○友だちの考え ○自分の考え
○わかるから ○むずかしいから ○勉強のしかた ○その他（ ）

問4 この時，考えたり思ったりしていたことを，おしえてください。

____

____

図4-9 マークシートの質問内容

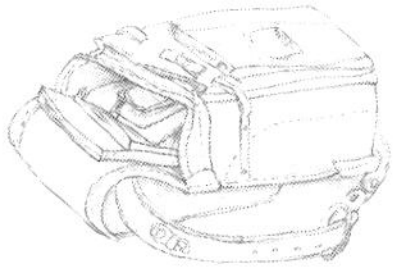

05

「わからない」にはわけがある

「再生刺激法」でわかる授業中の子どもの内面

「再生刺激法」を使って授業を分析していくと、授業者や授業を参観している教師も気付かなかったことが明らかになってきます。その授業場面のいくつかを、小学校6年理科「てこのはたらき」の授業をもとに紹介します。

【子ども個人の特徴】

子どもが授業で思ったり考えたりしていた報告内容を、授業場面ごとに、「新たな知識や考えができる」「既有知識をもとに考える」「考えがまとまらない」「考えていない」の四つの観点をもとに分析し、その結果をグラフに表しました。

①よく理解できている子どもの特徴

本調査を行った「てこ」の授業で、事後のテストが学級で1位（98点）の成績だった子どもの思考・理解の過程です（**図5-1**）。この子どもは、既有知識を使いながら、新たな知識や考えをつくっていくという特徴がみられました。例えば、「家で石を持ち上げたこと」「鉄棒を支点にしたてこの実験」「4年生のバネの実験」「先生が話したこと」などを活用しながら問題解決を行っていました。つまり、既有知識を使いながら、行きつ戻りつするなかで新たな知識をつくる。このプロセスは、多くの知識を得ることを目的としているのではなく、これま

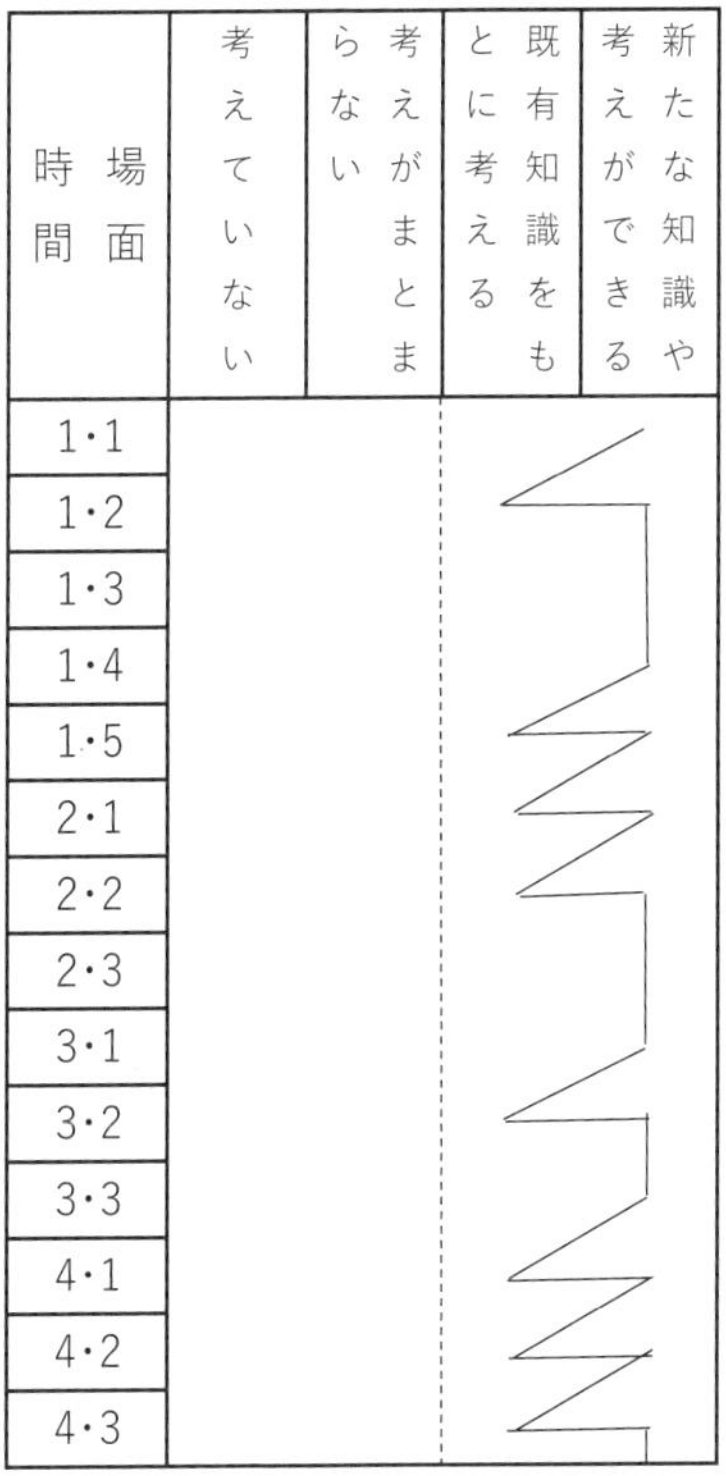

図5-1　よく理解できている子ども

でもっている知識を新しい知識につくり替え、次々と進化させる過程と言えます。よく理解できた子どもは、新しい知識を獲得するためにどういった知識が必要か、その中で最も適したものはどれか、それをどう工夫すればいいのか、といったことを絶えず考えていると思われます。そして、このような過程を繰り返すことにより、だんだんと理解の仕方が上手になり、効率化していくのだと考えます。

このことを活用して授業を行うとすれば、授業の仕方も、家庭学習も見直す必要がありそうです。

教師は、子どもがどういった既有知識や経験をもっているかということをしっかり確認したうえで、授業を行わなければなりません。

これまで教師は、「下学年で〇〇について学習している」といった既習事項を手がかりに授業を行っていました。「〇学年で既に学習しているからわかっているはずだ。わかっていないといけない」といった思い込みです。そうではなく、これから学習する単元で必要な知識が、子どもに身に付いているのかいないのか。身に付いていなければ、授業のどこでどのように補充する必要があるのかといった指導計画です。既有知識がないのに授業を行ってもわかるはずがないでしょうし、知識の深化も望めません。

さらに、家庭学習（宿題）の在り方も考え直さなければなりません。家庭で学習したことが授業で活用でき、わかるようになれば、子どもは家庭学習（宿題）をしてよかったと思うでしょう。家庭学習（宿題）が子どもにとって楽しくないのは、努力したことが目に見えて役立ったと感じられないことが原因の一つに考えられます。

授業と関連させた意味のある家庭学習（宿題）は、知識を活用しながら学ぶことができ、知識の深化につながります。同時に「学び方を学ぶ」「手続き的知識」の獲得にも役立つのです。

②理解できていない子どもの特徴

図5-2は、「てこ」のテストが35点、学級で最下位だった子どもの思考・理解過程です。▼は、「新たな知識や考え」をもったものの、誤っていたことを表しています。ほとんどの授業場面で「考えていない」「考えがまとまらない」状態が続いています。また、この子どもは、学習に興味をもっているものの、学習問題を解決することに直接結び付かないことを考えていました。そのため、授業内容を理解することはできていませんでした。同様にテストの成績が低かった2名の子どもを調べてみると、一人は、わからないためにずっと興味がもてない状態が続いていて、残りの一人は、勉強のことは考えないで、暑い、

しんどい、眠いといった身体に関わることばかりが気になっていました。

教師はこのような子どもに対して、ある程度わかってくれているだろうと甘く判断しがちですが、実際はそうではありません。子どもの側からすれば、45分間、ずっと理解できない状況が続いていることになります。授業と関係ないことを考え、時間が経つのをじっと待っているのかもしれません。そんな状態が何時間も続くとどうでしょう。学習することはもちろん、学校にいること自体も楽しくはないでしょう。

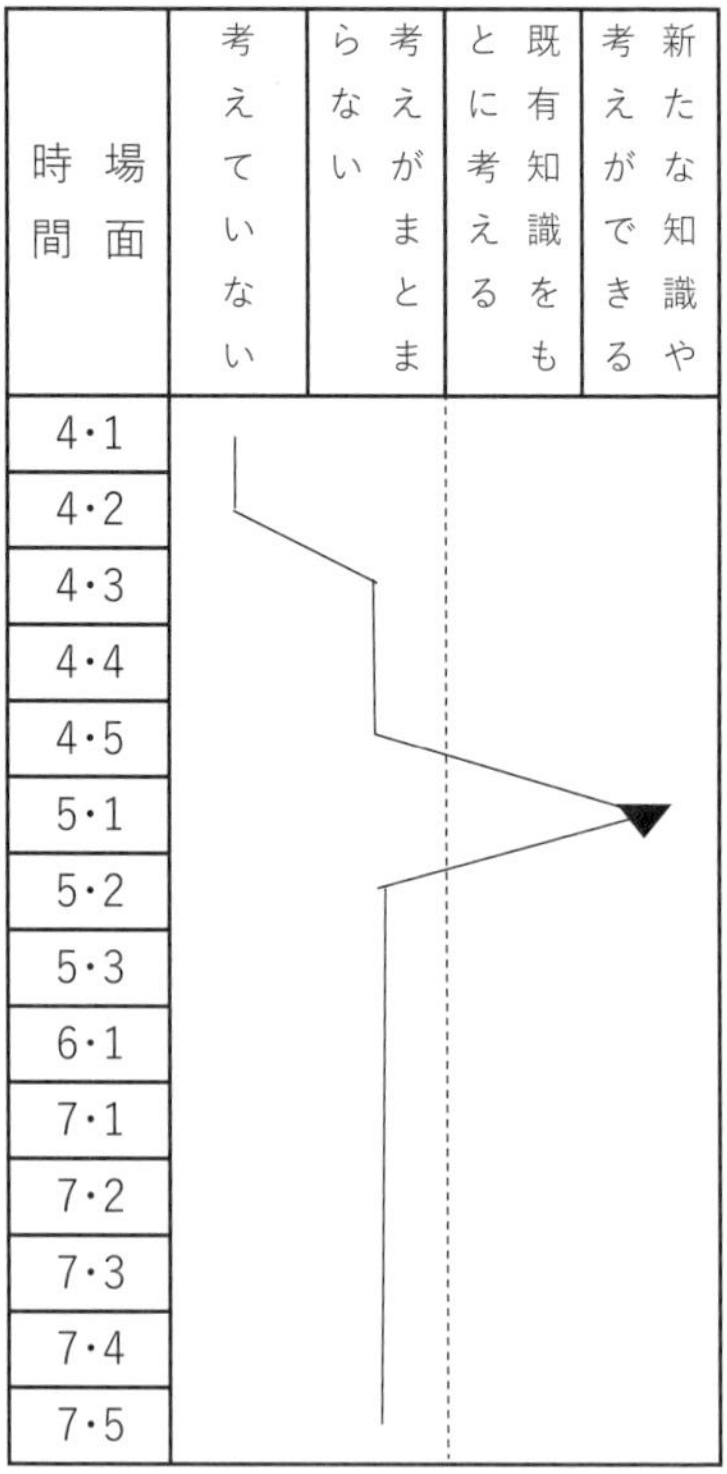

図 5-2　理解できていない子ども

授業は、一時間ごとの授業目標をもとに実施しますが、子ども全員が同じように理解することは容易ではないのです。それは、その子どもがどんな知識をもっているか、どういった学習スタイルが好きなのか、どこにつまずきがあるのかといったことが、子ども一人一人同じではないため、教師一人ではなかなか把握できないからです。

ところで、子どもだけでなく大人も夢中にさせる遊びの一つにゲームがあります。NHK（2019）の放送に、三宅陽一郎氏（ゲーム開発者）が出演した番組がありました。最新のゲームは、何百万人を対象に一つのゲームを提供するのではなく、AIによってユーザーの能力を理解し、ユーザー一人一人のレベルに合ったゲームを提供することが可能になっているそうです。例えば、初心者の場合は、ゲームのレベルが高いといつも負けてしまうため、おもしろくなくなりやめてしまいます。一方、上級者は、ゲームのレベルが自分の能力より低いとすぐに飽きてやめてしまいます。AIがユーザーの能力を判断し、手加減しながら、ユーザーに楽しんでもらえる最適の状況を提供する。こういったシステム（メタAI＝ゲームの進行を監視しながら、より面白くなるようゲーム全体をディレクションする役割をもったシステム）が考えられています。このシステムを教育に導入することができるようになれば、子どもの能力、興味・関心、学習スタイルに応じた学習の実施も不可能ではありません。現に東京都の公立中学校では、AIを活用した教育が既に始まっています。

③途中で誤った理解をしている子どもの特徴

図5-3の子どもは、成績上位でありながら、「てこ」のテストが学級の平均点以下の成績でした。「再生刺激法」による報告内容を見てみると、▼の部分に誤りが見られました。すなわち、てこの棒につりさげたおもりの重さと支点からの距離、力点の力の大きさと支点からの距離は反比例の関係ですが、正比例の関係でとらえていました。詳しく調べてみると、この子どもは、支点からの距離と棒の端からの距離の両方を考えていて、どちらが正しいのか解決できないままでいたことに原因がありました。この誤りは、以降の学習で訂正されることなく続いたため、「考えがまとまらない」状態に陥り、7時間目には考えるのを諦めています。

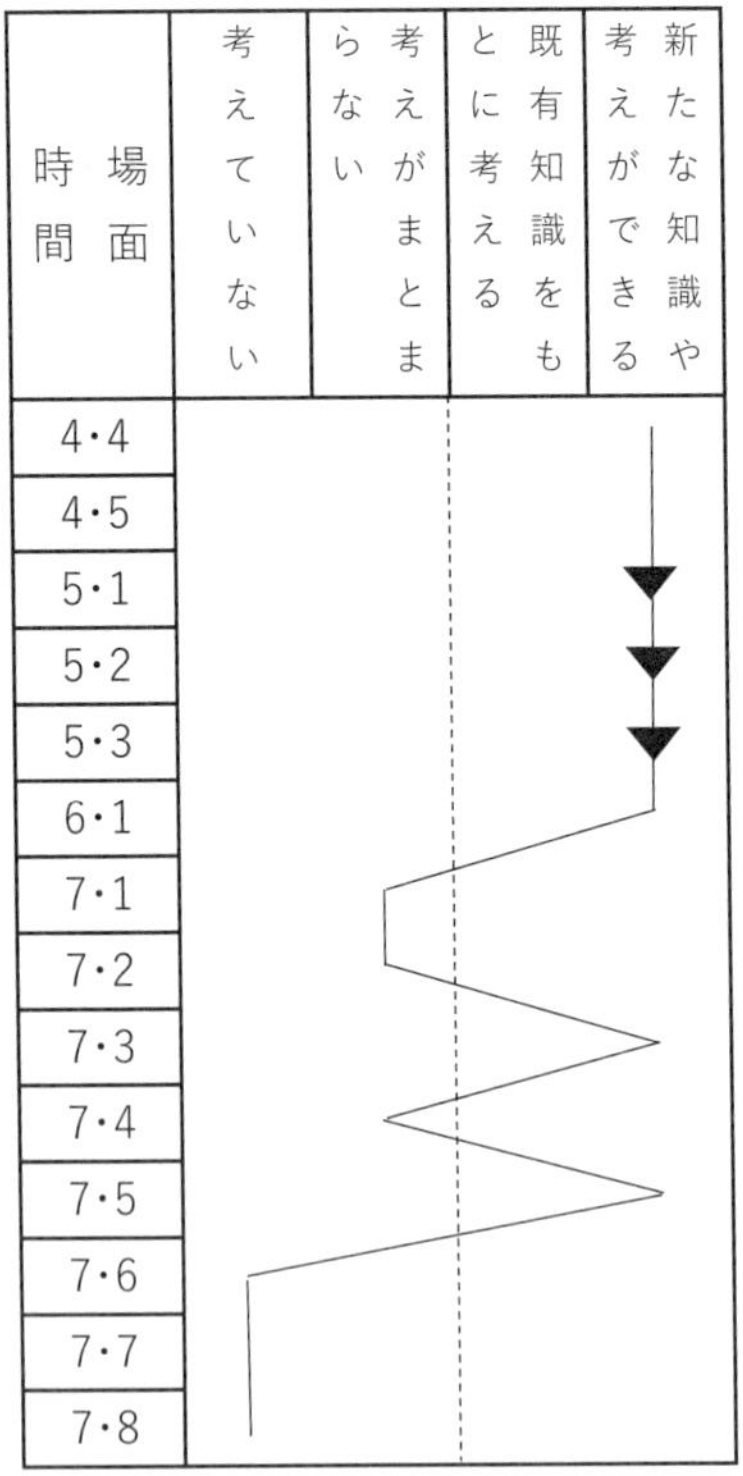

図5-3　誤った理解の子ども

「誤った思い込み知識」の修正は、とても難しいのです。授業の終末で確認のテストを実施するなど、振り返りやまとめの段階で子どもの誤りが修正されていれば、以降の学習にまで理解できない状態が続くことはなかったはずです。

同様な事例として、欠席していた子どもについてもこのようなことが生じる恐れがあります。学校では、欠席した一人一人に対して改めて指導することはほとんどできていません。そのため、欠けた知識が原因となり授業が理解できないでいることは考えられます。例えば、授業の欠けた部分を何度もリクエストできる、オンラインでオンデマンド型の授業提供も今後必要になるものと考えます。

④理解できたり、できなかったりする子どもの特徴

図5-4は、成績中位で「てこ」のテストもクラス平均とほぼ同じ子どもです。この子どもは、考えてはいるものの、自分の既有知識や経験はほとんど使っていませんでした。記述内容を見ると、直感的に思いついたり、友達や教師の説明を取り入れて理解したりしているという特徴がありました（▽の部分）。よくできる子どもの特徴と大きく違う点は、既有知識や経験から考えるという「手続き的知識」が少ないことです。つまり、友達や教師から「事実の知識」として得た知識は、自分で獲得した知識でないため、せっかく獲得

したにもかかわらず、次の学習で十分活用されないことが考えられます。子ども自身が問題をもち考えていく「主体的な学習」の大切さがずっと叫ばれ続けているのは、背景にこういった理由が考えられます。

このようなタイプの子どもは、自分の考えをもつことが大切です。そして、友達や先生の考えと比較し、誤りがあれば自分のスキーマを修正する習慣を身に付ける必要があります。

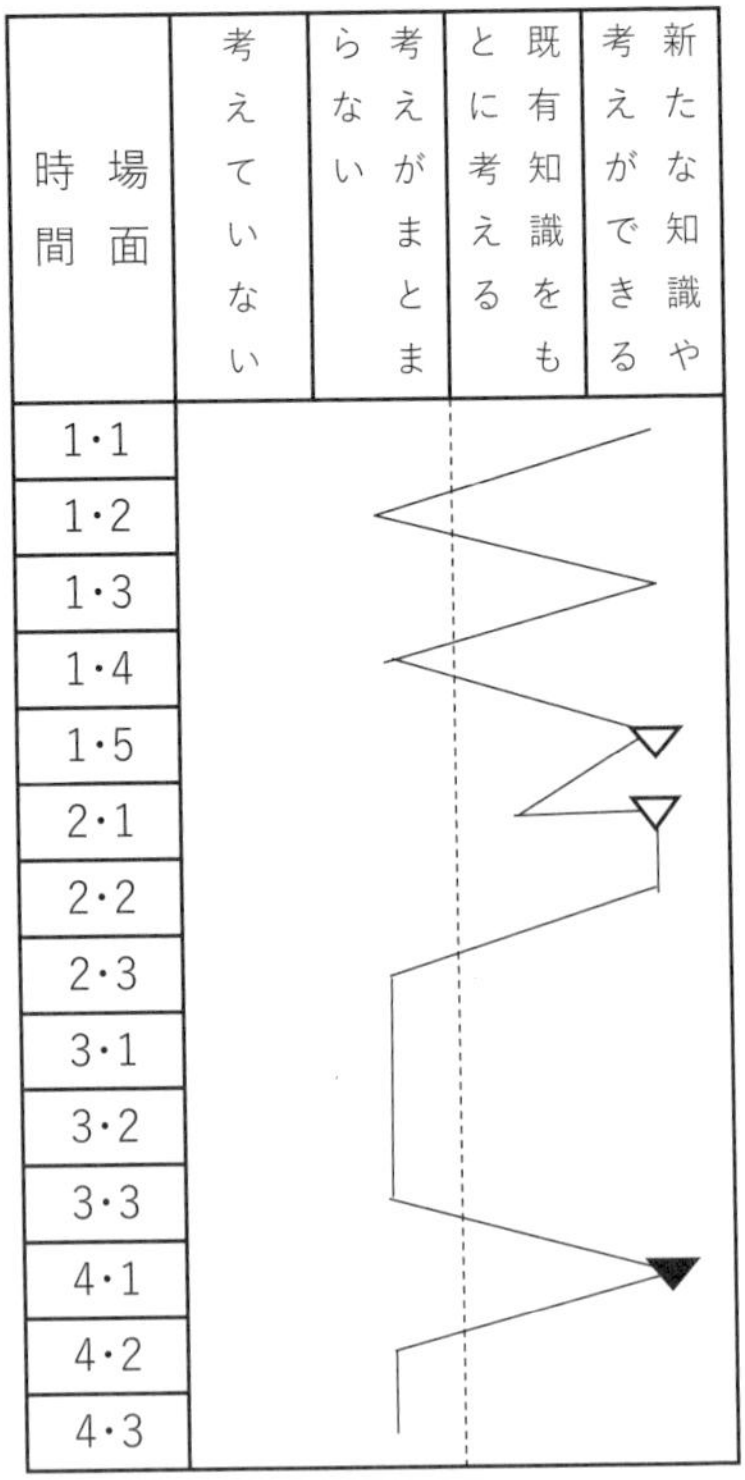

図 5-4　理解が不安定な子ども

このように、「再生刺激法」を使って授業における子どもの内面過程を把握することにより、子どもの学習特性が明らかになります。そして、教師は、どの子どもにどういった指導をすればいいかといった、具体的な指導の手だてを得ることができます。また、この子どもはどういった誤りをする恐れがあるか、注視しながら指導することが可能になります。継続的に学習スタイルの変化を調べていくことで、指導の効果が明らかになってきます。

こういった授業研究を行うことにより、子どもだけでなく、教師の授業力量形成や授業改善にもつながっていくことが期待されます。

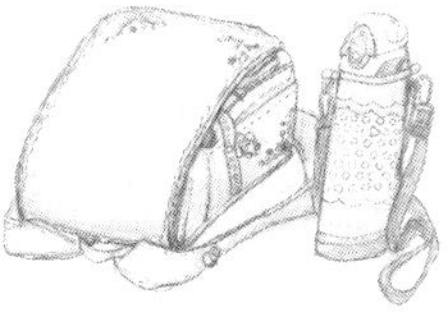

06 子どもの目から見た授業

子どもの内面にもとづいた授業研究

文部科学省は、全国学力・学習状況調査において「学校質問紙調査」を毎年実施しています。その中で、「模擬授業や事例研究など、実践的な研修を行っていますか」「授業研究を伴う校内研修を前年度に何回実施しましたか」という質問に対する回答について、２００７年度と２０１７年度を比較した結果があります。それによると、前者については、２０１７年度は２００７年度に比べて、小・中学校とも10％～15％高くなっていました。しかし、後者については、２００７年度、２０１７年度ともに、小学校は年間15回以上、中学校は3～4回がもっとも多く、その傾向は変わっていませんでした。実践的な研修が増えた要因として、社会情勢の変化

（ベテラン教師の大量退職、若手教師の大量採用、少子化による学校組織や学校規模の変化、情報化の進展等）によって研修の必然性が生じたことが考えられます。しかしながら、授業研究の実施回数に関しては、この10年間大きな変化は見られていません。

黒田（2019）は、授業研究・校内研修の課題として、すべての教師が授業を公開し、協議会ができる学校はそれほど多くないことを指摘しています。また、姫野（2019）は、教師の年齢構成のアンバランス化や教育観、授業観の多様化から実践知の伝承が難しくなっていることや、校内授業研究が形骸化し、一種の儀式になっていることを述べています。そのため、今後の授業研究として、「省察」を授業研究の鍵概念としつつも、そのことが授業改善や教師の学びにどのように機能するか、また、どのような授業研究法が「深い省察」を促すのか、といった研究の質と蓄積が必要であると述べ、真に子どもと教師の学びに寄与する授業研究法の開発を促しています。

授業は、日々子どもの学習理解や興味に直接影響を与えているだけに、授業研究は、職員研修の中心に位置付けて進めていく必要があります。そして、再生刺激法には、授業中の子どもの内面を手がかりに授業研究を行うという、これまでの授業研究とは違う大きな特徴があります。

図6−1は、再生刺激法を使った授業研究を実施する際の手続きを表したものです。「話合いA」は、学校現場では一般的な、授業後に行う同僚教師や研究協力者等による話合いです。「話合いB」は、「話合いA」を終えた後、再生刺激法によって得られた「子どもの内面報告のデータ」をもとに話し合います。第3章で述べた三つの理科授業における、「話合いB」の結果が**図6−2**です。話合いの内容は、子ども（67％）、指導方法（27％）、教材（6％）で、「子ども」に関する話合いが多く行われていました。「話合いA」は指導方法（63％）中心の話合いだったことから、対照的な結果と言えます。

再生刺激法を使った授業研究を実施することで、以下のような、これまで学校現場で行われていた授業研究では難しかった「子どもの内面」を取り入れた授業研究の可能性が考えられます。

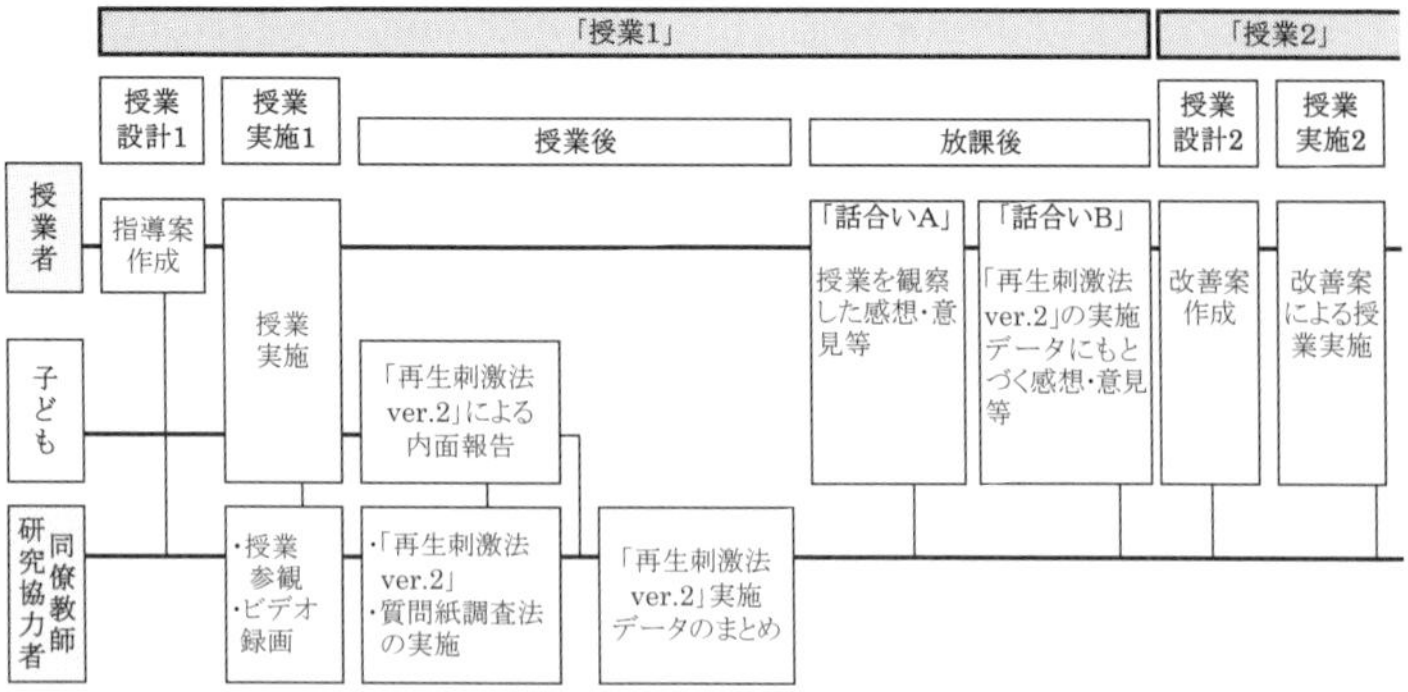

図6-1 「再生刺激法」を使った授業研究

- 「話合いA」（学校現場で一般的に行われていた話合い）と「話合いB」（再生刺激法の結果にもとづいた話合い）を併用することにより、より客観的な授業研究が期待できる。
- これまで以上に「子ども」からの情報が得られ、より子ども主体の授業改善が可能になる。
- 「話合いA」「話合いB」で得られた成果や課題が、授業の「どの場面」で見られ、「どのような内容」なのかが明らかになり、授業改善がいっそう容易になる。
- 子どもが授業を理解するための手がかりや授業中の興味の対象を再生刺激法の報告内容をもとに分析することにより、外部からはわからない子どもの内面が明らかになる。こういった授業の特徴を教師が知ることで、授業改善や教師教育につなげることが期待できる。

次に、具体例をもとに述べることにします。

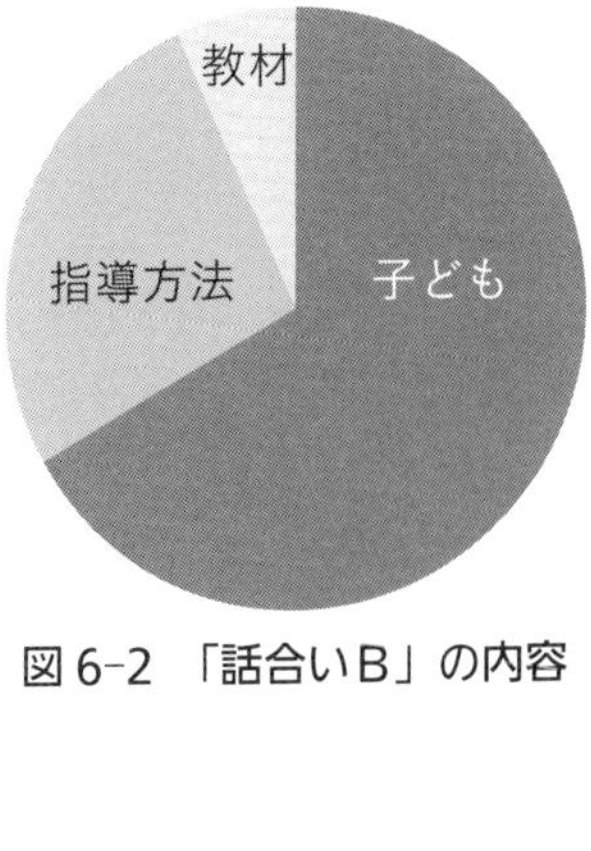

図6-2 「話合いB」の内容

(1) 授業改善ツールとしての活用

ここで述べる授業は、第3章で述べた三つの理科授業のうち二つの授業をもとに行いました。授業者は、いずれも男性教諭で二人とも同一校に勤務しています。理科が専門ではなく、得意教科でもありませんでした。教職経験年数は20年と23年でほぼ同じです。授業は、同じねらいの授業場面（小学校5年理科「もののとけ方―とけた食塩の粒のゆくえ」）です。最初に「授業1」を実施し、その後「話合いA」「話合いB」を行いました。「話合いA」からa～d、「話合いB」からA～Dのそれぞれ四つの授業改善のための手がかりが得られました（**図6-3**）。それをもとに作成した改善案「授業2」が**図6-4**です。

「授業2」を終えた後、「授業1」と「授業2」の再生刺激法の子どもからの報告結果をもとに、①興味の大きさ、②興味の内容、③理解（わかった感じ）、④理解（わかった手がかり）、について比較検討しました（①③以外は複数回答可）。

	「話合いA」	改善の手がかり
教材	□テレビ(顕微鏡の映像)，実物が効果的。	
	■スライドグラスをもっと用意した方がよかった。	
指導方法	■導入の教師の話が一方的だった。	
	■テレビの画像が全員の子どもに見えるような配慮が必要。	
	■テレビ画像は，グループ，一人で見る時間のバランスが必要。	
	■目的に応じたグループ活動が必要である。	a
	■子どもの考えを予想したラミネートは使用しない方がよい。	
	■前時のノートを使った振り返りをすればよかった。	
	□前時のノートを見直しながら子どもが書いているのはよい。	
	□小さなホワイトボードを使った話合いがよかった。	
	□板書がうまくまとめられていた。	
子ども	□子どもの意識に沿った展開。	
	□子ども同士の関わり(教え合い)ができていた。	
	■観察することが多く，粒に対する意識がずれていた。	b
	■顕微鏡で食塩が溶ける様子を観察するのは難しい。	c
	■シュリーレン現象の驚きが強すぎた。	d

□…成果　■…課題　「改善の手がかり」…「授業2」の授業者が授業改善に用いた手がかり

	「話合いB」	改善の手がかり
教材		
指導方法	■シュリーレン現象の場面はしなくてよかったのではないか。	A
	■粒が見えなくなる現象を考えさせた方がよかったと思う。	B
	■質問紙に自分の考えを表す学力を付ける必要がある。	
子ども	■キーワードについて子どもが考えていない。	C
	■粒，とけるのキーワードはもっと出てほしい。	C
	■キーワードの報告が少ない。教師と子どものずれがある。	C
	■シュリーレン現象の場面で，わからなかった子どもが2名。	D
	■シュリーレン現象の実験の目的がわかっていない。	D
	■3場面に「考え中」の子どもが多い。	

□…成果　■…課題　「改善の手がかり」…「授業2」の授業者が授業改善に用いた手がかり

図 6-3 「授業 1」の「話合いA」「話合いB」の内容

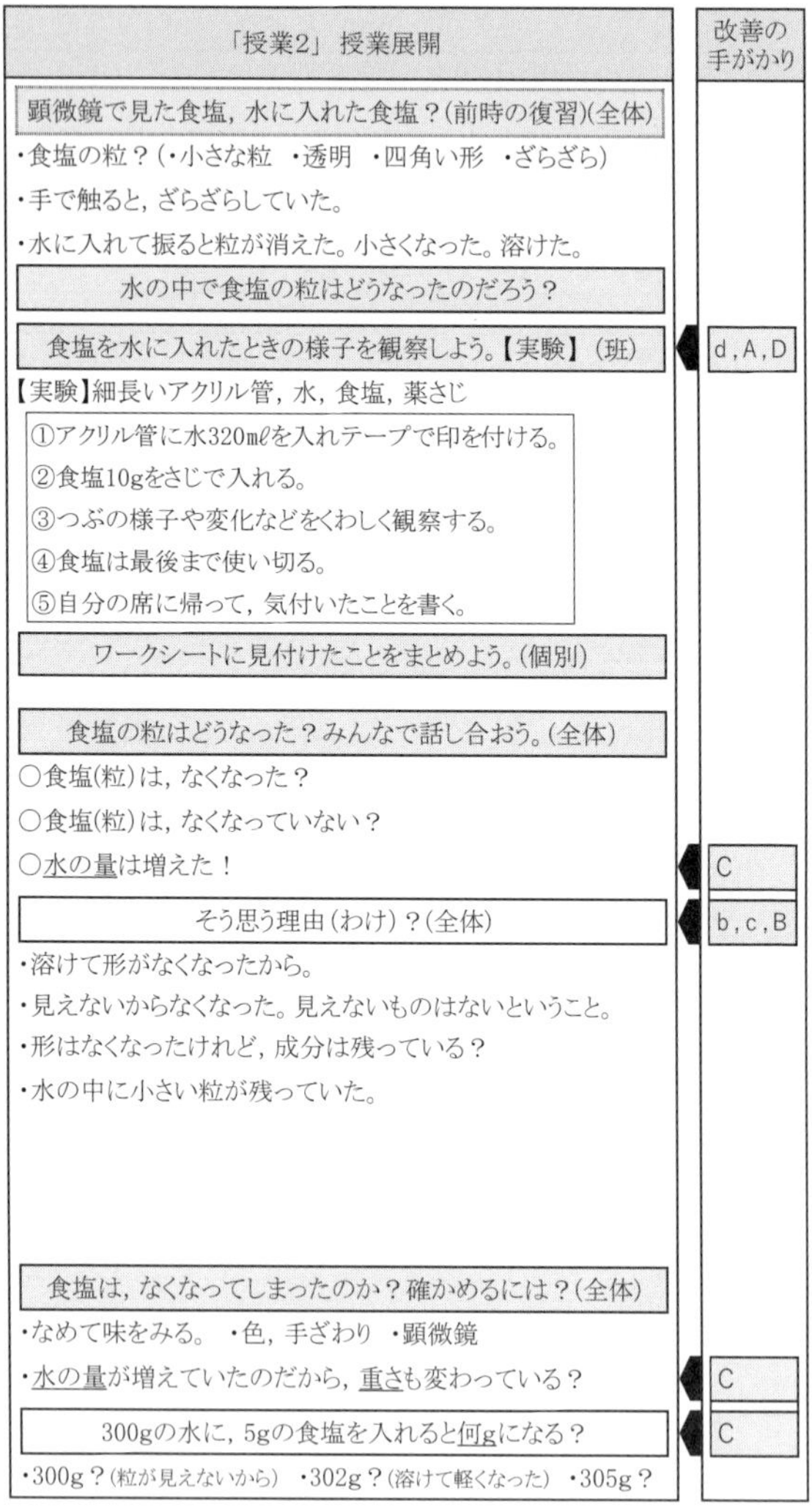

「授業2」授業展開	改善の手がかり
顕微鏡で見た食塩，水に入れた食塩？(前時の復習)(全体)	
・食塩の粒？(・小さな粒 ・透明 ・四角い形 ・ざらざら)	
・手で触ると，ざらざらしていた。	
・水に入れて振ると粒が消えた。小さくなった。溶けた。	
水の中で食塩の粒はどうなったのだろう？	
食塩を水に入れたときの様子を観察しよう。【実験】(班)	d，A，D
【実験】細長いアクリル管，水，食塩，薬さじ	
①アクリル管に水320mℓを入れテープで印を付ける。 ②食塩10gをさじで入れる。 ③つぶの様子や変化などをくわしく観察する。 ④食塩は最後まで使い切る。 ⑤自分の席に帰って，気付いたことを書く。	
ワークシートに見付けたことをまとめよう。(個別)	
食塩の粒はどうなった？みんなで話し合おう。(全体)	
○食塩(粒)は，なくなった？	
○食塩(粒)は，なくなっていない？	
○<u>水の量は増えた！</u>	C
そう思う理由(わけ)？(全体)	b，c，B
・溶けて形がなくなったから。	
・見えないからなくなった。見えないものはないということ。	
・形はなくなったけれど，成分は残っている？	
・水の中に小さい粒が残っていた。	
食塩は，なくなってしまったのか？確かめるには？(全体)	
・なめて味をみる。 ・色，手ざわり ・顕微鏡	
・<u>水の量が増えていたのだから，重さも変わっている？</u>	C
300gの水に，5gの食塩を入れると何gになる？	C
・300g？(粒が見えないから) ・302g？(溶けて軽くなった) ・305g？	

図6-4　「授業2」（「授業1」の改善案）

①興味の大きさ

一単位時間の授業場面ごとの興味に関する回答（授業に興味があったかどうか）を積み重ねてグラフに表しました（**図6-5**）。二つの授業とも「おもしろい」と感じている割合がとても高い結果でした。特に「授業2」は、すべての授業場面で、「とてもおもしろい」と感じている傾向が見られました。

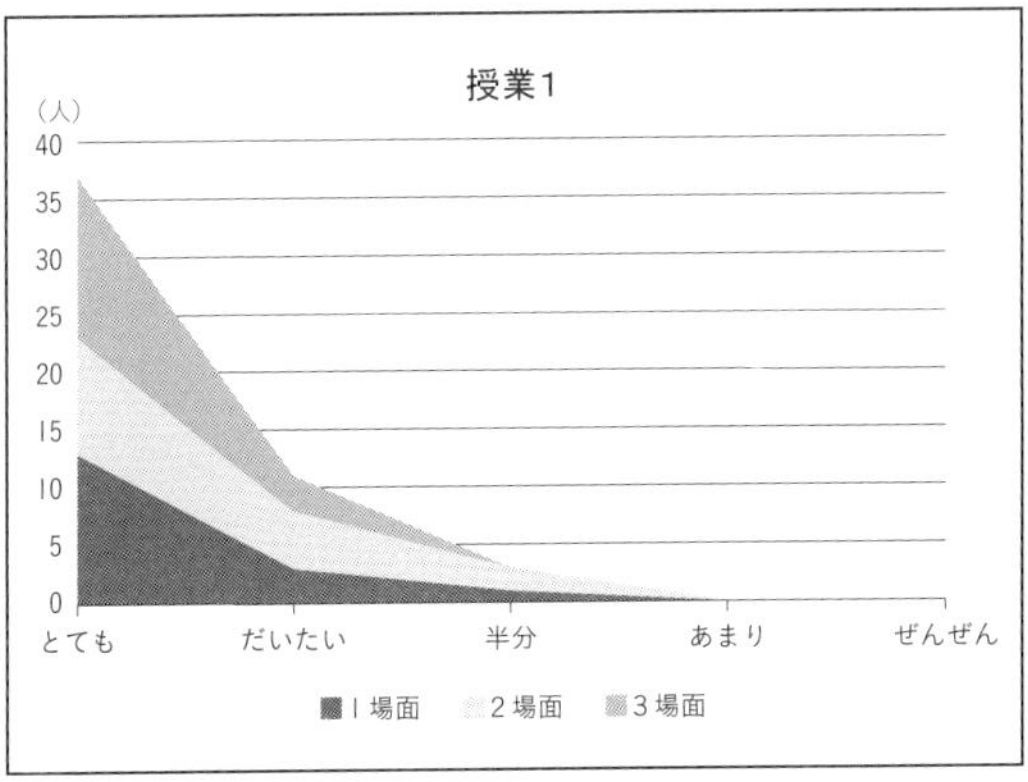

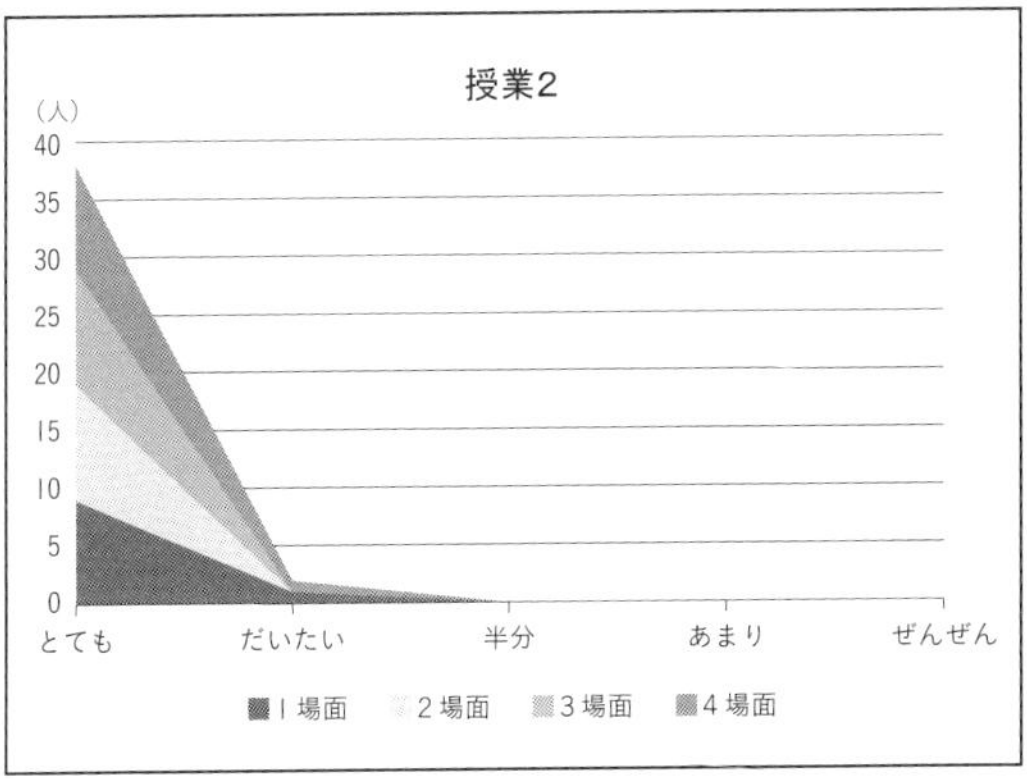

図6-5 「授業1」「授業2」の興味の大きさ

②興味の内容

子どもが興味をもった内容（**図6-6**）は、「授業1」では、「実験・観察」「理科の学習」に高い特徴が見られます。一方、「授業2」では、それ以外に、「友達」や「先生」の割合も高い傾向が見られました。つまり、「実験・観察」だけでなく、「友達」の発言や「先

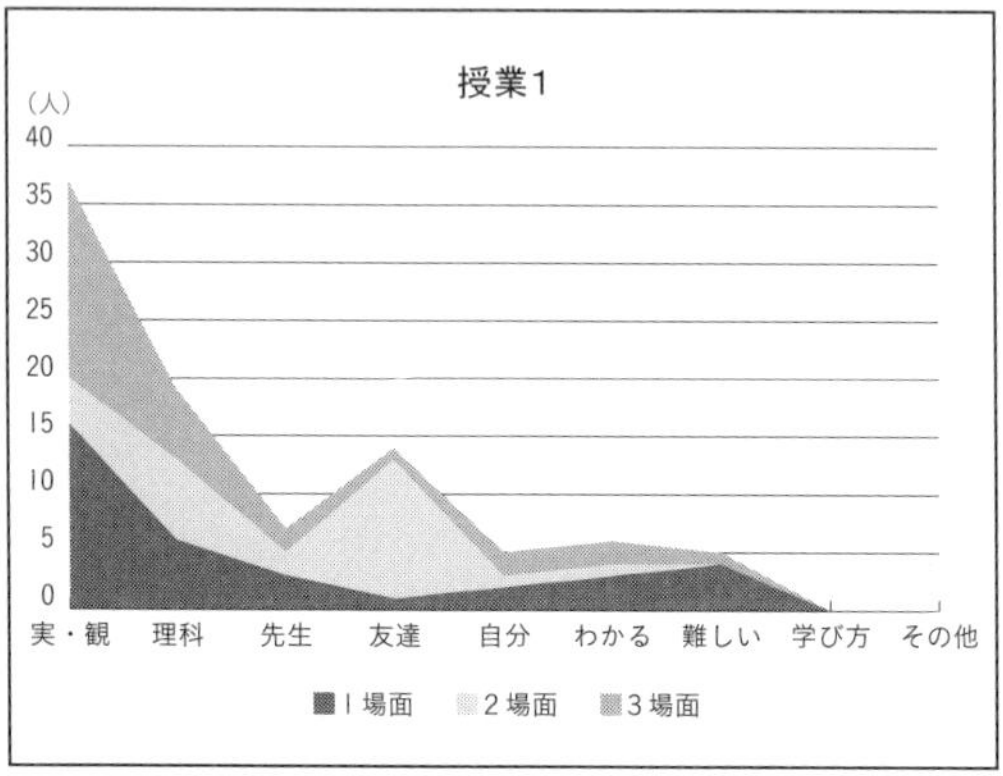

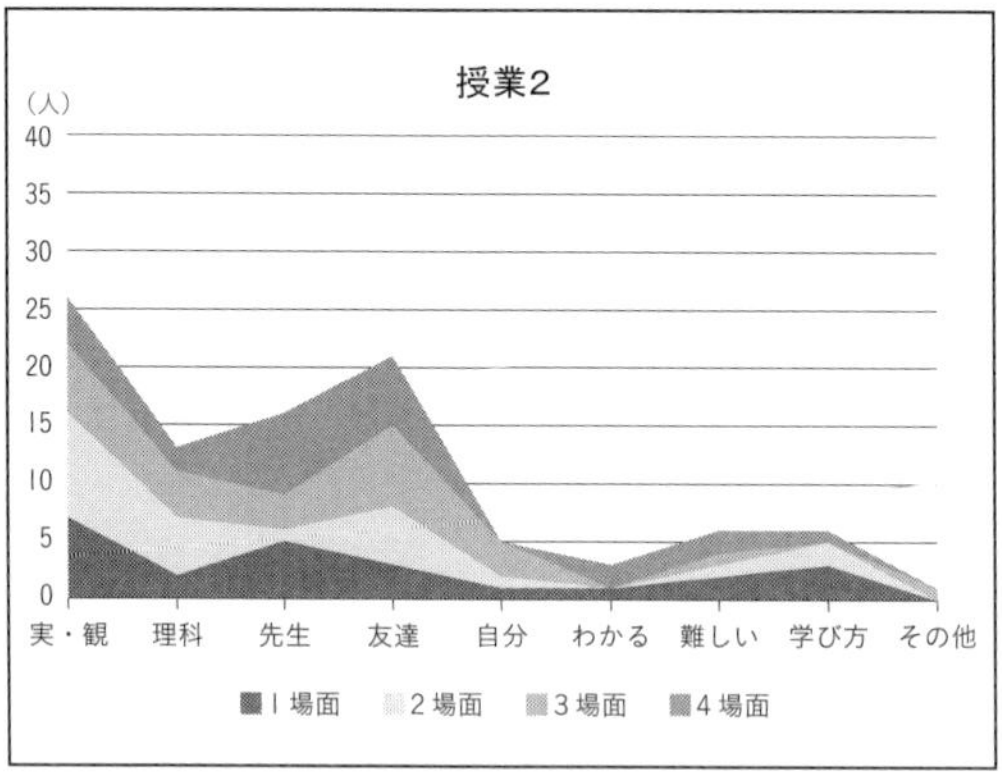

図6-6　「授業1」「授業2」の興味の内容

生」の話にも興味を示していたことがわかります。

③理解（わかった感じ）

授業が「わかった」と自分が感じているかどうかについての回答の結果が**図6-7**です。

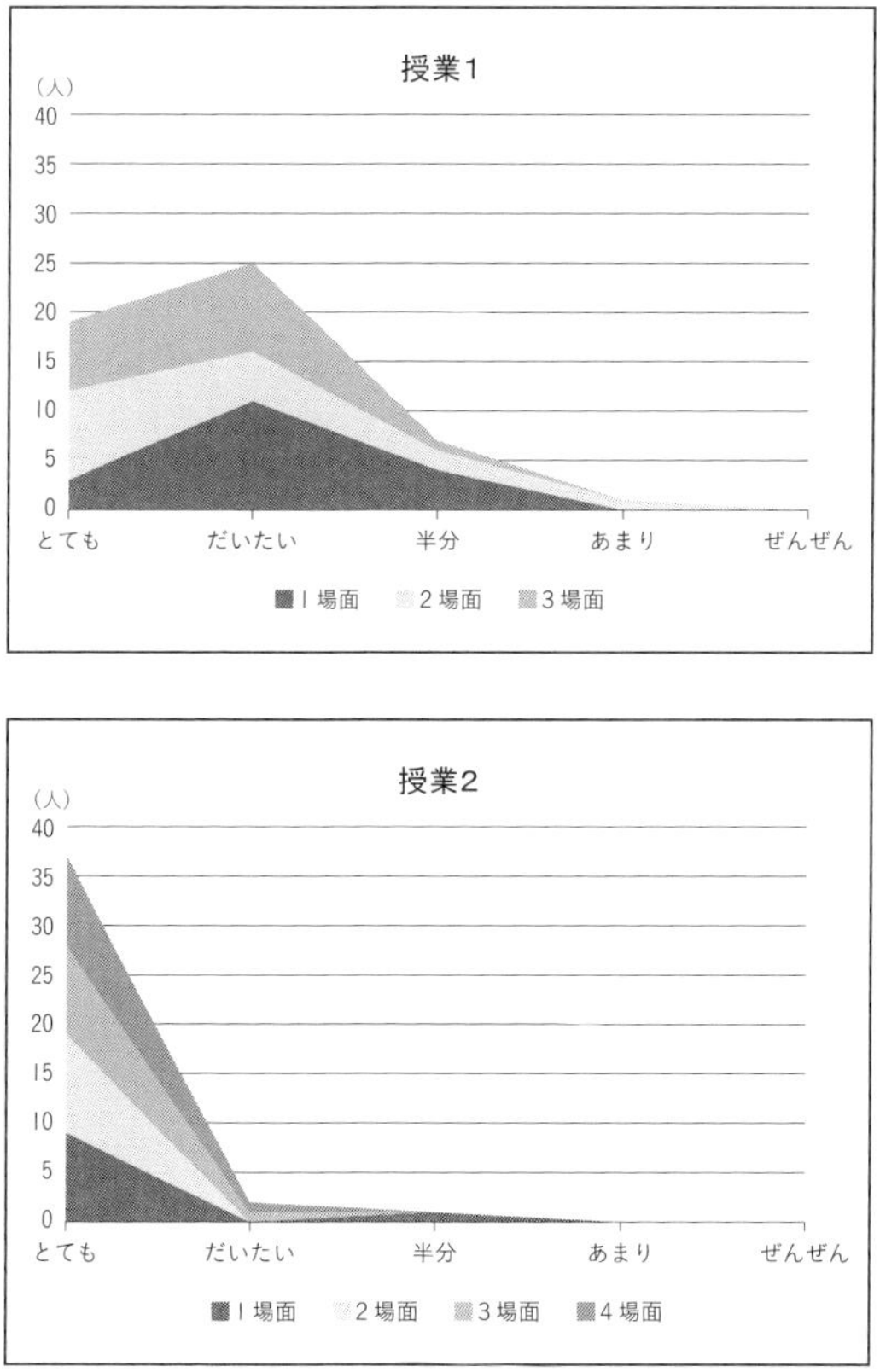

図6-7 「授業1」「授業2」の理解（わかった感じ）

「授業1」では、1場面～3場面すべてにおいて「だいたい」わかったと感じている子どもがいちばん多い結果でした。また、「半分」くらいはわかった、「あまり」わからなかった子どもも見られ、十分に理解できたと感じていない状況がわかります。

これに対して、「授業2」では、「とても」わかったと感じている子どもがほとんどで、「だいたい」「半分」と答えた子どもはわずかでした。

④理解（わかった手がかり）

「授業1」「授業2」で、子どもがわかったと感じたり、感じなかったりした要因は何か。このことを調べるため、子どもがそれぞれの授業場面で、何を手がかりに理解しようとしていたかを見てみました（図6-8）。

「授業1」では、子どもにとって「実験・観察」がどの授業場面においても、理解するための大きな手がかりとなっています。

ところが、③理解（わかった感じ）では、「だいたい」「半分」わかったと感じた子どもが多く、十分な理解ができていませんでした。教師は、「実験・観察」を展開のメインに置き、その結果から理解につなげようと考えましたが、子どもは教師の思うようには理解できていなかったようです。

一方、「授業2」は、「実験・観察」だけでなく、「友達」や「先生」の割合も同様に大きく、理解するための大事な手がかりになっている特徴が見られました。

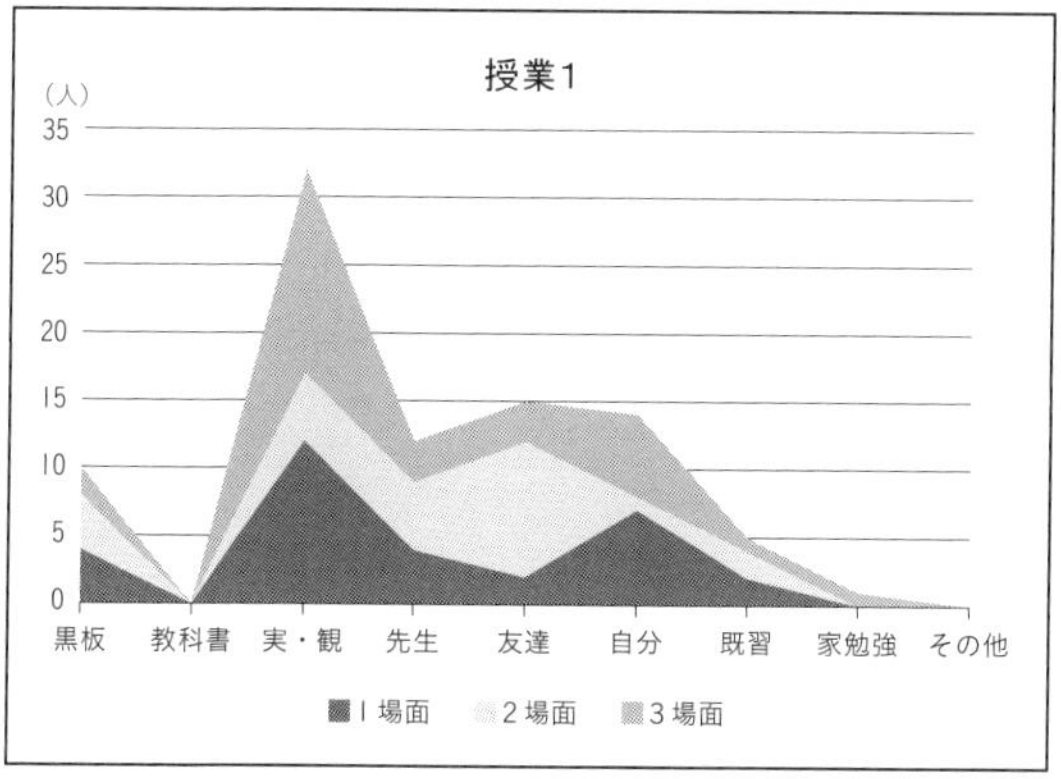

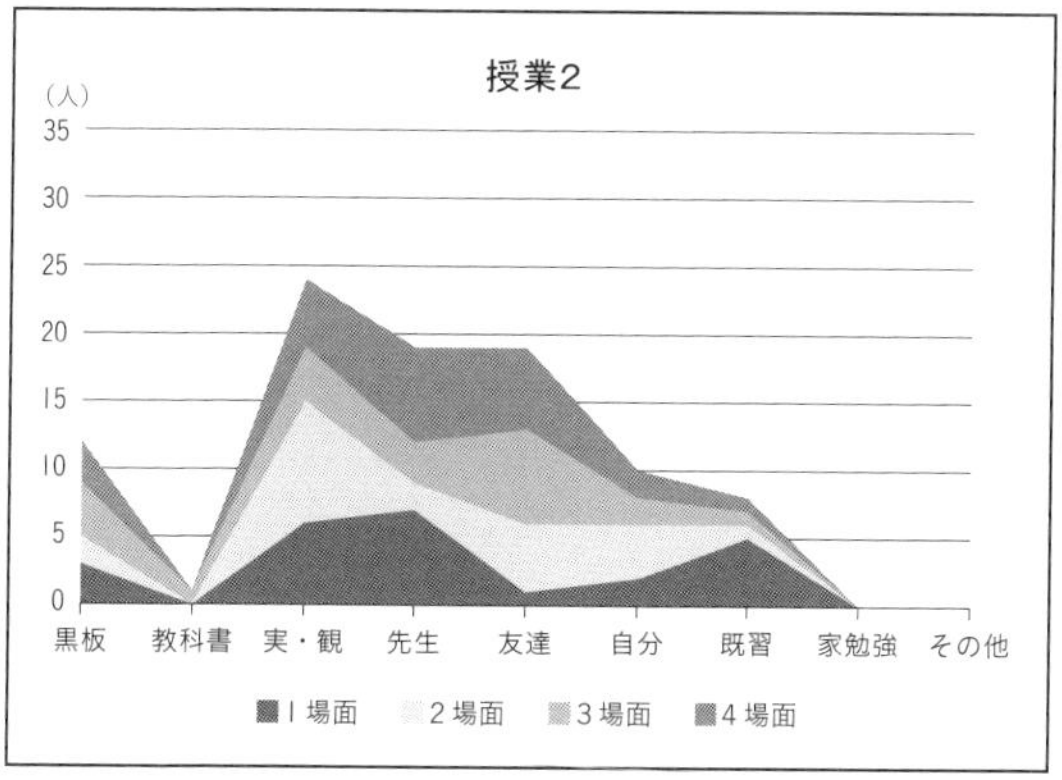

図6-8 「授業1」「授業2」の理解（手がかり）

⑵ 授業の特徴をとらえるツールとしての活用

授業中、子どもが授業内容を理解したり興味がわいたりするきっかけは何か。理科の「実験・観察」「自分（子ども自身）」「友達」「先生」の四つの要因をもとに、授業場面ごとにその割合を表したのが**図6-9**です。

「授業1」では、1場面～3場面は、「先生」の関わる割合が小さい特徴が見られます。それに対し、「授業2」は、1場面（授業の導入段階・問題意識をもたせる場面）と4場面（終末

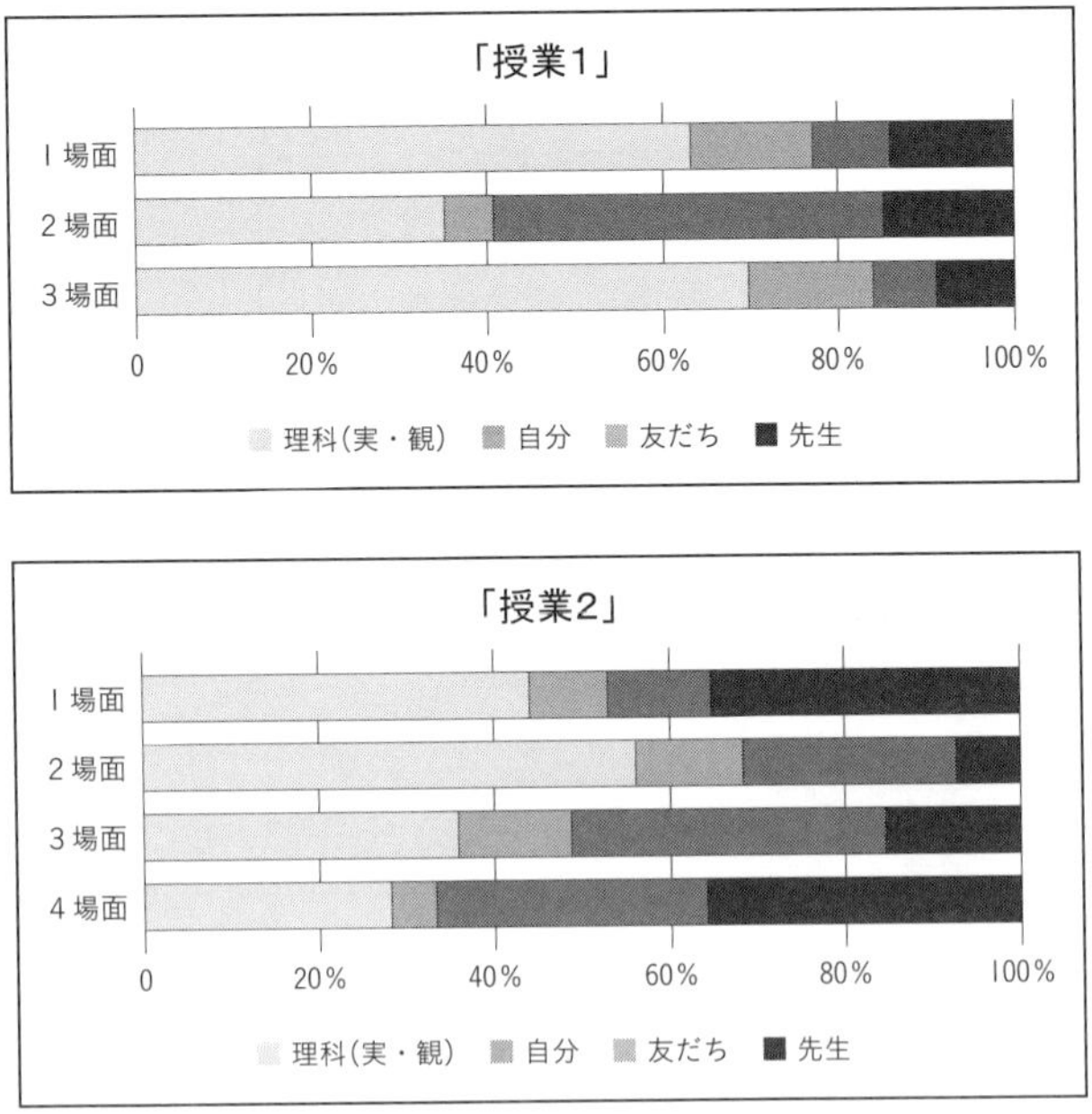

図6-9 「授業1」「授業2」の特徴

段階・まとめる場面）になると、教師が大きく関わっています。このような教師の指導方法の違いが、学習の理解を容易にしたり、興味をもたせたりすることに大きく影響を与えていることが考えられます。「子どもの主体性を育てるためには、教師の関与はできるだけ少なくする」「教師があまり指示しなくても、子どもが活動している授業がよい授業」とよく言われます。しかし、この授業例からすると、そうではなく、教師がしっかり関わる部分と、子どもに任せる部分を授業の「どこに」「どういった方法」で設定するのが適切かを、教師が判断することが大事だと言えます。そういった意味からも、再生刺激法を使って授業を可視化し、授業を分析・改善することは、授業改善だけでなく今後の教師教育にも有効だと考えます。

これまで授業研究といえば、同僚教師を中心に、教師の現場での経験にもとづいた話合いがほとんどでした。同僚教師が培った教職経験を互いに共有し合うことができ、授業力量を高める絶好の機会となりました。

ところが一方で、教授知識の差による共通理解の困難さや、授業に対する価値観（例えば授業スタイルや方法等）の違いなどにより、個々の教師の受けとめ方が異なるため、教師の力量形成や授業改善に必ずしも結び付かないこともありました。

再生刺激法は、一口で言えば、授業プロセスのうち、キーとなる3～4か所を切り取って、その断面を見ながら授業研究をする方法です。残念ながら、すべての断面を見るわけではありませんが、「子どもの内面」という授業の当事者の貴重な声をもとに授業研究を行うところが、これまでの授業研究とは違います。

この研究を進めるために、方法開発の段階も含め、これまで多くの授業者に協力いただきました。再生刺激法の結果に対して、「思った通りの結果だった」と言われる方もいますが、「こんなはずはない」「こんな結果だったとは驚きだ」と言われる方もいます。授業中に、積極的に挙手をして発言したり、前に出て説明したりして活躍する子どもだけではありません。発言しないで友達や先生の話を聞きながら考える子どももいますし、しっかり前を向いていても勉強以外のことを考えている子どももいます。そういった子どもたちも含めて、学級全員の理解や興味の状況を見極めながら授業を進める必要があります。しかしながら、それは現実的に無理な話です。実際は、顕著な子どもたちの反応や表情、理解が早い子どもとそうでない子どもの限られた情報をもとに判断しながら授業を進めています。このことを補完するうえでも有効と言えます。

再生刺激法は、授業者の同意を得て実施し、結果も提示するようにしています。なにしろ、子どもからの授業に対する声（授業への興味や理解のしやすさなど）が、授業者に直接知らされるわけです。こういった経験は、普段ありません。したがって、少々心構えがいります。「授業がおもしろくない」「わからない」という声があれば、真摯に受けとめ、どうすればいいか、その対応を考える必要に迫られます。

再生刺激法にもとづく授業研究（特に教師教育）で考えられるよさを整理すると、次の点が挙げられます。

- 授業の成果や課題を焦点化できる。
- 明らかになった成果は、教師間で共有することが可能になり、教師の授業力向上につなげることができる。
- 課題については、共通の解決事項となり、ベテラン教師の経験や若年教師のアイデアを生かした幅広く、質の高い授業研究が可能になる。
- 授業研究の成果や課題を共有することで、同僚教師が共通認識をもった研究ができ、教職員の和と研究の深まりが期待できる。

こういった点については、今後実践事例を増やし、校種や学級規模等についてもさらに検討する必要があります。

なお、**表6-1**は、これまで行ってきた再生刺激法の方法開発の経過と調査に要する時間の概要です。

「再生刺激法 ver.1」では、質問紙で実施していたため、分析処理に時間がかかり、授業を行った当日に分析結果を提供できませんでした。

「再生刺激法 ver.2」では、子どもの回答の報告内容を検討し、質問紙とほぼ同等のデータが得られるマークシートに替えることにより、授業を行ったその日に分析結果が得られるようになりました。マークシートは、選択肢だけでなく、記述を求

表 6-1　再生刺激法の調査に要する時間

	「再生刺激法 ver. 1」	「再生刺激法 ver. 2」	「再生刺激法 ver. 3」
主な調査方法	質問紙	マークシート	タブレット
調査校種・学年	小学校・6 年	小学校・4 年	中学校・2 年
調査時間	約 27 分	約 20 分	約 15 分　※
分析結果	翌日	当日	当日

※選択肢のみ回答

図 6-10　タブレットによる「再生刺激法」（大分市立滝尾中学校）

める部分もありますが、子どもの人数が多くても、ほぼ2時間あれば分析できることがわかりました。

「再生刺激法 ver.3」は、タブレットを使う方法です。表中のデータは中学校1校で実施した結果です。入力した結果が直ちに集計されるため、分析時間は記述項目以外必要ありません。ただ、記述を求める項目については、子どもが文字入力をしなければなりません。その際の個人差の考慮が必要です。今後、情報環境が学校現場に整備されれば、授業分析をするうえで簡便で、しかも有効な授業研究の手法の一つとして活用できるものと考えます。

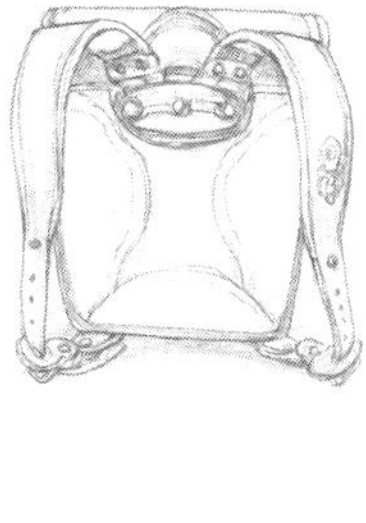

07 ズレは成長のチャンス

教師、子どもの内面のズレから見直す授業

「再生刺激法」を実施すると、ほとんどの場合、子どもと教師との間にズレが見つかります。これは、授業に対する教師の見通しの甘さととらえがちですが、そうではありません。

教師であればいつも、子どもが「授業がわかった。おもしろかった」と言ってくれることを期待して教材の準備、板書計画、発問を用意して授業に臨みます。しかし、当の子どもの反応は、教師の期待に反し冷ややかなことがよくあります。逆に、十分な授業の準備をしていないのに、子どもたちが生き生きと学習することもあります。授業は、教材を通して教師と子ども、すなわち人と人との相互作用により繰り広げられているだけに、

実に複雑です。その中から、授業がうまくいかなかった授業場面はどこか、どんなズレがあったからかを教師が知り、その要因を手がかりに授業改善を行う、これが授業のスキルアップのチャンスだと考えます。

一般的に、ズレや矛盾があると何とかして不均衡を解決しようとする気持ちが生まれます。そして、いろいろな情報を活用し解決の方法を考えます。多くの壁にぶつかりながらも解決することができれば、達成感や充実感を得ることができます。教師が、子どもとのズレに気付き、授業を改善し、子どもと学ぶ喜びを共有するきっかけにできれば、この経験はきっと教師の生きがいや自信につながるはずです。

ズレは、決していけないことではありません。人は、不完全、未完成のものの方が印象に残り興味を引かれる、ザイガニック効果という説があります。ズレをそのままにするのではなく、生かすことで授業研究の新たな道を拓くことができるのではないかと考えます。

これは、教師に限らず、授業中の教材と子どもの既有知識とのズレにもあてはまります。このズレを生かすことにより、子どもの知的好奇心を促し、学ぶことに対する興味や意欲につなげることができます。次は、私の勤務校での事例です。

数年前のことです。台湾から小学校6年生80名と引率の教師、行政関係者合わせて

115名が愛媛県に来ることになりました。その際に、日本の小学生と半日交流したいという要望がありました。国際交流協会を通じ、どこかの学校で受け入れてほしいとの依頼が教育委員会に届きました。その候補校の一つに本校が選ばれたのです。

もちろん教職員一同大歓迎です。こんな機会はめったにありません。希望すると伝えると、即決定となりました。

このことを、保護者や地域の方にお伝えすると、大はりきり。日本の茶道でおもてなしをしようということになり、赤い野点傘、被毛氈、茶碗、茶筅等の道具の準備、お菓子の選定（婦人会、敬老会）、和太鼓の準備と練習（PTA）、子どもたちの交流が深まる自己紹介ゲームの用意（海外生活を経験している保護者）、「台湾語」を使った簡単な会話の一覧表の作成（外国語担当の教師）、当日の給食メニューの検討（栄養教諭）など、まるで大人版の「総合的な学習の時間」です。

一方、子どもたちも突然のことでびっくりです。6年生98名は、業間や昼休みの時間も返上し、台湾の場所を地図で調べたり、インターネットや書籍を使って台湾の生活や文化、歴史を調べたりしていました。人気の歌手や流行の曲、アニメなどは子どもたちの得意分野です。互いが会話できるように、「台湾語」の練習を友達同士で行っていました。すっかり上手になり、6年生の教室だけはまるで異国のようでした。給食のメニューは、子どもたちが大好きなカレーを栄養教諭の先生にリクエスト。相撲部は、日本の相撲の紹介と対戦の計画。茶道クラブの子どもたちは、お点前の練習に取り掛かります。体育館での全校集会では、歓迎のあいさつ、互いの文化紹介、プレゼント交換をすることになりました。昼休みは、鬼ごっことサッカー。準備期間がとても短いため、教師も子どもたちも大忙しとなりました。

図 7-1　台湾の子どもたちの演舞

そして迎えた当日……。

- 台湾の子どもたちは「台湾語」でなく、「英語」で話しかけてきます。
- 台湾の代表の子どもは、メモなしで「日本語」の挨拶をすらすら話します。
- 披露してくれた台湾の演舞はみごとでした。
- おいしいはずの給食のカレーは、台湾の子どもたちには不評でした。
- 一緒に取り組んだ算数の授業。台湾の子どもは、自分たちがわからなかった難しい問題も解きました。

・格好悪いと思っていたスクールシューズが、台湾の子どもたちには「かわいい！」と好評。たくさん買って帰ったそうです。

たった半日ですが、子どもたちにとっては、忘れられない思い出となりました。

子どもたちは、次のような感想を綴っていました。

・自分ももっと英語を勉強して話せるようになりたい。
・自分の国の文化に誇りをもっていると感じた。
・味の好みは、国によって違うことがわかった。
・自分たちも負けないように、勉強をしないといけないと思った。
・家の人にお願いし、今年の夏休みは台湾に行きたい。

今回、こういったズレを、教師が意図的に用意したわけではありませんでした。しかし、このズレを子どもたちが偶然に認識したことによって、日本だけでなく他の国にも目が向き、独自の文化のよさ、嗜好の違い、学ぶことの必然性など、子どもたちがそれぞれに新

図 7-2　好評だったスクールシューズ

たな学びに向かうきっかけになったことは確かです。

秋田（2012）は、子どもたちは、自分にとって新奇な情報、複雑すぎず、単調すぎない、ほどよい複雑さと適切な量をもった情報に対して興味をもつ、と言っています。また、私は○○に興味がある、という比較的安定的な「個人的興味」と、そのときの授業がおもしろかったといった「状況的興味」と呼ばれる興味があり、「状況的興味」は、生徒個人とその学習状況の両方が影響し合って生じると述べています。

先ほどの例からすると、子どもたちは同じ6年生であり、実施する内容（給食を食べる、遊ぶ、勉強するなど）は特に目新しいことはありません。ただ、国が違うという未知数に不安を感じていました。実は、その未知数が思ったより大きく、予想していなかったことが次々と起こりました。このズレが「状況的興味」を湧かせ、英語が話せるようになりたいとか、台湾に行ってみたいといった新たな「個人的興味」につながっていったと考えられます。ズレは、子どもたちにとって、とてもありがたい存在だったと言えるでしょう。

ところで、ズレがいつもプラスになるとは限りません。先ほどの例は、半日という限られた時間での出来事でしたが、ズレが1ケ月、半年、1年と長期にわたって続くと困る場合があります。

河合（1998）の著書『心の処方箋』の中の一節です。

いつぞや、こんなことがあった。幼稚園の子どもで言葉がよく話せないということで、母親がその子を連れて相談に来られた。知能が別に劣っているわけでもないのに、言葉が極端におくれている。よく話を聞いてみると、その母親は、子どもを「自立」させることが大切だと思い、できる限り自分から離すようにして子どもを育てたとのことである。夜寝るときもできるだけ添寝をしないようにして、一人で寝かせるようにすると、はじめのうちは泣いていたが、だんだん泣かなくなり、一人でさっと寝にゆくようになったので、親戚の人たちからも感心されていた、というのである。

河合は、この子どもについて、「自立」は見せかけだけのものであると言います。親の強さに押されて、辛抱して一人で行動しているだけであり、本来的な自立ではない。そのために言葉の障害などが生じてきているのであると。

この後、母親にこのことをよく説明し、母親が子どもの接近を許すようになると、今ま

表 7-1　調査対象

学校種	対象	人数	対象学校	対象教師，児童生徒
小学校	教師	360名	30校 （A 市26校，B 市 4 校）	小学校 1 年〜 6 年担任教師 専科教師
	児童	533名	7 校 （A 市 5 校，B 市 2 校）	小学校 5 年，6 年
中学校	教師	135名	14校（A 市）	中学校 2 年，3 年を指導
	生徒	504名	5 校（A 市）	中学校 2 年，3 年

での分を取り返すほど甘えてきて、やがて言葉も急激に進歩し、他の子どもと同じような水準に追いついてきたそうです。

つまり、自立させようとした母親のしつけ（指導）と子どもの認識との間にズレが生じた結果と言えます。こういったことは、授業における教師と子どもについても生じる恐れがあります。

渡邊・吉崎（2020）は、学校現場で日ごろ行っている授業について、教師と子どもがそれぞれどのように認識しているか、一般的な授業プロセス（導入―展開―終末・家庭学習）について、質問紙調査法を用いて調べました。調査対象は、**表7-1**、調査用紙は、**図7-3**（教師用）のとおりです。子ども用の調査用紙は、教師用をもとに子どもにわかりやすいように書き替え、質問番号と内容は、教師用と対応させました。

教師用

（　　年　月実施）

＿＿年＿＿組

Q. 最近の、先生のクラスや授業について教えてください。（各項目に○は1つ）

			ほとんどあてはまらない（していない）	ややあてはまらない（していない）	ややあてはまる（している）	ほとんどあてはまる（している）
導入	1	学習用具が準備でき，全員着席し，落ち着いた雰囲気で授業が始まりますか？	1	2	3	4
	2	今から何の学習をするか，教師が「めあて」を子どもに伝えて授業を始めますか？	1	2	3	4
	3	子どもに，「おや」「なぜ」「おもしろそう」という思いをもたせてから授業を始めますか？	1	2	3	4
	4	子どもは，あなたの授業を楽しみにしていますか？	1	2	3	4
展開（教師）	5	子どもたちに，「勉強しよう」とする雰囲気がありますか？	1	2	3	4
	6	教師の発言が少ない，「一問多答型」の発問が多いですか？	1	2	3	4
	7	授業を進める約束事（聞き方・話し方等）をもとに，授業を行っていますか？	1	2	3	4
	8	「自分の授業スタイル（例：国語はこの方法で）」を決めて授業を行っていますか？	1	2	3	4
	9	「まず～します」「次に～します」と学習の順序を伝えて，授業を進めることが多いですか？	1	2	3	4
	10	既習事項や過去の経験を振り返らせながら，展開する授業が多いですか？	1	2	3	4
	11	調べ学習などで，自力解決させる授業が多いですか？	1	2	3	4
	12	「ペア学習」「グループ学習」を取り入れた授業をよく行いますか？	1	2	3	4
	13	子どもなりの見方や考え方を取りあげて，展開していく授業ですか？	1	2	3	4
	14	授業は，ほぼ一単位時間の指導計画通りに行っていますか？	1	2	3	4
	15	机間相談を行い，一人一人の子どもの理解を確認しながら，授業を行いますか？	1	2	3	4
	16	「理解に時間がかかる子ども」の指導に，時間をかけていますか？	1	2	3	4
	17	「理解の早い子ども」をさらに伸ばす指導に，時間をかけていますか？	1	2	3	4
	18	授業中の子どもの気になる言動（言葉遣いや思いやり等）は，きちんと指導しますか？	1	2	3	4
	19	子どものよい考えや態度を，ほめながら授業をしますか？	1	2	3	4
	20	1時間の授業の中で，一度はなごやかな笑い声が教室の中で起こっていますか？	1	2	3	4
展開（教材）	21	子どもは，教科書やノート，学習用具などを大切に扱いますか？	1	2	3	4
	22	主に教科書を使って授業を行いますか？	1	2	3	4
	23	教師が準備した資料やワークシートをよく使って，授業を行いますか？	1	2	3	4
	24	ICTを活用した授業をよく行いますか？	1	2	3	4
	25	体験的な活動の授業（実際に確かめたり，実物に触れたりする）を，よく行いますか？	1	2	3	4
	26	板書は，子どもから出された考えを構造化していますか？	1	2	3	4
	27	ドリル学習（繰り返し）を大事にしていますか？	1	2	3	4
	28	「勉強は，日常生活（将来の生き方）に役立つ」と，子どもは感じていますか？	1	2	3	4
展開（子ども）	29	間違っても安心して発言できる，クラスの雰囲気ですか？	1	2	3	4
	30	一斉授業の中で，子どもたちが互いに意見を言い合う場面が，よくありますか？	1	2	3	4
	31	グループ学習の中で，子どもたちが意見を言い合う場面が，よくありますか？	1	2	3	4
	32	クラスみんなの前で，子どもが発表する場面はよくありますか？	1	2	3	4
	33	わからなかったことが，少しずつわかるようになっていく授業ですか？	1	2	3	4
	34	授業の途中で何度か，「あれ」「もしかして」と，子どもが課題をもつ場面がある授業ですか？	1	2	3	4
	35	「勉強がわかる方法」が，身につく授業ですか？	1	2	3	4
終末	36	新しいことを知ったり，できるようになったことを子どもは，「よろこび」と感じていますか？	1	2	3	4
	37	まとめでノートに書かせることは，板書や教師の解説ですか？	1	2	3	4
	38	次の時間何を学習するか，子どもはわかっていますか？	1	2	3	4
	39	あなたが授業をした後，子どもたちは「もっと勉強したい」と感じていますか？	1	2	3	4
家庭	40	子どもは，宿題を「するのが当たり前」ととらえていますか？	1	2	3	4
	41	宿題は，予習より復習やドリルが多いですか？	1	2	3	4
	42	家庭で，宿題以外の自主勉強もするように，指導していますか？	1	2	3	4
	43	宿題は，子どもの能力差に応じて出しますか？	1	2	3	4
	44	子どもが宿題をすることで「学び方」も身に付くように，工夫していますか？	1	2	3	4
	45	「子どもがおもしろく，したくなる宿題」を工夫し，よく出しますか？	1	2	3	4

図 7-3　質問紙

調査は、愛媛県内の小中学校で行い、分析方法はt検定を用いました。

(1) 児童生徒と教師のズレ

小学校の教師の平均値より児童の平均値が低かった質問項目は10項目、中学校の教師の平均値より生徒の平均値が低かった質問項目は16項目ありました。そのうち、有意差があったのは、小学校7項目、中学校14項目でした。小学校より中学校の方に教師とのズレが大きい傾向が見られます。小学校、中学校にも見られる共通している質問項目（教師より平均値が低く、しかも有意差がある質問項目）は次の6項目でした。教師は、指導している（できている）と思っていますが、児童生徒からすれば、そのようにとらえていないことになります。

- 学習用具が準備でき、全員着席し、落ち着いて授業が始まる。（質問1）
- クラスの話し方や聞き方の「やくそく」を守る。（質問7）
- 授業中気になる言葉遣いや思いやりについて指導する。（質問18）
- まちがっても安心して自分の考えが言える。（質問29）
- クラスの前に出て、意見を言ったり発表したりする。（質問32）

・宿題以外の自主勉強をする。（質問42）

この6項目の中には、学級経営や授業ルーチンに関わる内容がみられます。小学生のころからクラスの中に、「言葉遣いや思いやりが気になる」「まちがうといけない」といった状況があり、中学生になっても続いていることが考えられます。このことは、教師が気付きにくい学級の人間関係に関わることであり、継続観察しながら指導していく必要があります。また、質問32や42は、子どもの主体的な学習に関わります。自分の考えを発表したくなったり、家に帰ってさらに学習したくなったりする、そんな状況をつくるために、授業の中でどのように教師が働きかけていくかといったことも考えなければなりません。

(2) 中学生と教師のズレ

小学生と教師よりもズレが多い中学生と教師について、もう少し詳しく見ていくことにします。先ほどの6項目を除いた、中学校の教師の平均値より生徒の平均値が低く、かつ有意差があった8項目です。

・今から何の勉強をするか「めあて」を先生が言う。（質問2）
・授業のはじめに「おや」「なぜ」「面白そう」と思う。（質問3）

- 授業中、「勉強しよう」という気持ちがする。（質問5）
- 国語、数学など決まった勉強の仕方で授業を行う。（質問8）
- 授業中、先生は、よい考えや態度をほめる。（質問19）
- 授業中、ドリル学習などくりかえしの勉強を行う。（質問27）
- 次の時間、何を学習するかわかっている。（質問38）
- 授業が終わっても「もっと勉強したい」と感じる。（質問39）

質問3、質問5、質問19、質問39は、学習への動機付け、意欲や興味といった情意に関わる内容です。小学校の調査で見られなかったことが、中学校で見られることは、授業を実施するうえでの課題と考えられます。この時期は、脳の発達の成熟期であり、知的好奇心は脳の活性化にとっても必要です。小学校はもちろんのこと、中学校ではよりいっそう学習に興味をもち、主体的に学ぶ授業が求められます。

また、質問2、質問8、質問27、質問38は、「授業構造」に関わる内容です。特に本時の授業のねらいや次時に学習する内容が生徒に意識されていないと、知識と知識がばらばらで互いの関連が難しくなります。また、理解の階層構造ができないことも考えられます。

脇本・町支（2015）は、教師の知識は、経験に基礎を置いておりアカデミックな理論をもとに構成されているわけではなく、現場で様々な経験を積んでいくことで教師が自分なりの知識（実践的知識）を蓄え、成長していると言っています。そうだとすれば、「経験にもとづく自分なりの知識（実践的知識）」が子どもにとって適切なものかどうかについては、振り返り吟味する必要があると考えます、

(3) 小学校教師と中学校教師のズレ

小学校教師と中学校教師を比較した結果、45問中、16問（36％）に有意差がみられました。そのうち、平均値が小学校教師の方が中学校教師より高い質問項目が12項目、中学校教師の方が小学校教師より高い質問項目が4項目でした。主な特徴は、次の通りです。

①授業構造について

- 小学校教師は、授業中だけでなく、家庭学習でもドリル学習（繰り返し）を重視している。（質問27、41）
- 小学校教師は、授業のめあてを提示してから授業をはじめたり、子どもから出された考えを構造化した板書を工夫したりしている。（質問2、26）
- 中学校教師は、自分の授業スタイルをもとに授業を行っている。（質問8）

②授業運営について

・小学校教師は、理解の遅い子どもの指導や家庭での自主勉強の指導を重視している。（質問16、42）

③学習指導について

・小学校教師は、自力解決の学習や子どもなりの見方や考え方を取りあげる学習、子どもたちが互いに意見を言い合う授業などを行っている。（質問11、13、30、31）

④学級経営について

・中学校教師は、落ち着いて授業を始めることを重視している。（質問1）

⑤教材について

・小学校教師は主に教科書を使った授業（質問22）、中学校教師はワークシートを使った授業（質問23）を行っている。

⑥情意

・小学校教師は、子どもができるよろこびを感じる授業をめざしている。（質問36）

国立教育政策研究所（2015）は、小中学校間の接続や学校制度の違いといった外的要因が中1ギャップの主原因ではないと述べています（「中1ギャップの真実」）。本調査によってわかるように、制度上の違いは別としても、小学校と中学校の教師の間に授業に対する意識や指導の違い（ズレ）があることは間違いないでしょう。

今後は、同僚性を同じ学校内、同じ校種と狭くとらえるのではなく、小学校と中学校が異校種間の同僚性をつくり、議論することによって授業改善をすることが大事だと考えます。

年数を重ねると授業は上手になる？

教師の内面（授業力）は経験年数に比例するとは限らない

08

姫野（2019）は、授業研究の歴史の中で、「技術的熟達者としての教師像が一般的だった1980年以前は、専門的な知識をいかに習得するかが最も重視された。もちろんこれらの知識は教師にとって重要であるが、各々の知識を記憶していれば授業がうまくいくというものではない。子どもたちによりよい学びを提供するためには、日々の実践経験を積み重ねるとともに、経験を省察し、授業中に暗黙的に行った行為の本質を取り出し経験知として身につけていくことが重要となる」と述べています。この中の省察（reflection）は、日々の授業実践は言うまでもなく、わが国の多くの学校現場で実施している授業研究の場で行われ、その際の同僚教師による教授知識や経験にもとづいた指導や助言は、教師の授業力向上に大きな役割を果たしています。

前章で述べた小学校教師、中学校教師も、校種間の文化や子どもの発達段階などによる違いはあるものの、同様なプロセスを通して授業力を培ってきたものと考えます。

では、教師は、40年近くの教職生活の中でいつ、どういった授業力を身に付けるのでしょうか。このことを調べるために、第7章の**表7-1**調査対象のうち、小学校教師360名を対象に、教職経験年数を10年ごとに4段階（**表8-1**）に分け、質問紙による「自己省察」の回答結果をもとに調べることにしました。分析方法は、教職経験年数別に四つの対象（段階）の平均値を比較する分散分析（多重比較）を用いました。

表8-1　教職経験年数と調査人数

段階	教職経験年数	調査人数
1段階	0年～9年	91名
2段階	10年～19年	64名
3段階	20年～29年	121名
4段階	30年～40年	84名

（計360名）

(1)　1段階（教職経験年数0～9年）の教師

この段階の教師と他の段階の教師を比較すると、有意差があり、しかも平均値が低い質問項目が45項目中18項目（40％）で見られました。なお、1段階の教師の平均値が他の段階の教師の平均値を上回る項目はありませんでした。

内容（**表8-2**）を見ると、授業構造に関する内容と授業運営に関する内容を合わせると9項目あり、有意差があって、平均値が低い質問項目の50%を占めています。授業構造に関する内容は、この学習のねらいは何か、既習事項とどういった関連があるか、次時の学習にどうつながるのかとい

表 8-2　1段階の教師の特徴

内容	質問番号	質問項目
授業構造	2	学習のめあての提示　※
	8	教師の授業スタイル　※
	10	既習事項の振り返り
	26	板書構造　※
	38	次時の学習
授業運営	7	聞き方・話し方
	14	計画通りの授業
	15	机間相談
	17	理解の早い子への指導
学級経営	1	落ち着いた雰囲気
	18	気になる言動への指導
学習指導（教材）	25	体験的な指導
情意	3	「おや」「なぜ」
	4	楽しみな授業
	39	もっと勉強したくなる
理解（学習内容・方法）	33	わかるようになる
	35	学習の仕方がわかる授業　※
社会性	28	勉強は将来役立つ　※

※2段階，3段階，4段階のすべてに対して有意差があり、平均値が低い項目

った事柄です。教職経験年数の多い教師は、異なる学年の指導内容や指導方法を経験しているため、その中から必要なものを選択しながら計画することができます。一方、教職経験年数が少ない教師は、そういった手がかりが限られており、目の前の授業を一つ一つクリアしていくことに追われていることが考えられます。さらに、授業運営に関する項目を見ると、机間相談や理解の早い子への指導といった個に対する指導であり、子どもの情報が不十分だと適切な指導は困難です。また、情意面については、知識の習得だけでなく、学習への興味や、わかる喜び、もっと勉強したくなるような授業づくりを検討する必要があります。このことは、教材研究と深い関係があります。

小学校の教師の多くは学級担任であり、6年間の複数教科の学習内容や教材、指導方法に関する教授知識が必要となります。藤岡（1998）は、教師の成長について、「教師として成長する過程の全体が『危機』の連続であるといってもいい。教師は自分の授業から学び、仲間に支えられ、仲間と共に学ぶことによって『危機』を乗り越え、教師として成長する」と言っています。この段階の教師は、まさに「危機」であり、実践的知識獲得への試行と積み重ねはもちろん、日々の授業の振り返り、指導方法の改善、仕事の効率化などといった具体的な助言や支援が必要なことがわかります。

(2) 2〜4段階の教師

2段階、3段階、4段階の教師の「自己省察」による授業認識は、2段階の教師（教職経験年数10〜19年）が、質問1（落ち着いた雰囲気）、11（自力解決）、41（ドリル学習の宿題）の3項目に有意差があるものの、それ以外はありませんでした。また、3段階と4段階の教師は、質問41（ドリル学習の宿題）の1項目だけでした。

脇本・町支（2015）らは、教師がどのように熟達していくか、先行研究をもとに教師の成長と発達についていくつかのモデルを紹介しています。それによると、経験年数を経るごとに熟達していくモデルや、一方で熟達するものの他方で喪失するものもあるといったモデル、与えられた仕事を効率的にこなすことができる「定型的熟達者」（routine experts）としての成長モデル、変化する状況に適切に対応できる「適応的熟達者」（adaptive experts）としての成長モデルなどです。それらの多くは、一般的に教職経験年数を経るごとに、漸進的な変化がみられる右肩上がりになっています。教師の授業力は、授業の経験を積むことにより熟達化し、ベテラン教師として成長するといった**図8-1**のような成長・熟達モデルをイメージします。

しかし、この調査結果を見ると、教職経験年数10年未満の教師は、10年以上の教師に比べ、「自分はできていない」と感じている質問項目が多い傾向が（有意差があり、しかも平均値が低い項目が40％）あるのは確かです。したがって、この時期は、10年以上の教職経験者を手がかりとして、授業力量を身に付けることが必要であり、そのための研修内容の充実と方法の工夫が大切になります。特に、教職経験年数が10年以上の教師が、同僚性を発揮し、機会あるごとに彼らの指導に当たることも効果的であると考えられます。

一方、10年以上の2段階、3段階、4段階の教師は、教職経験年数を重ねても、有意差はあまり見られず、特に3段階と4段階の教

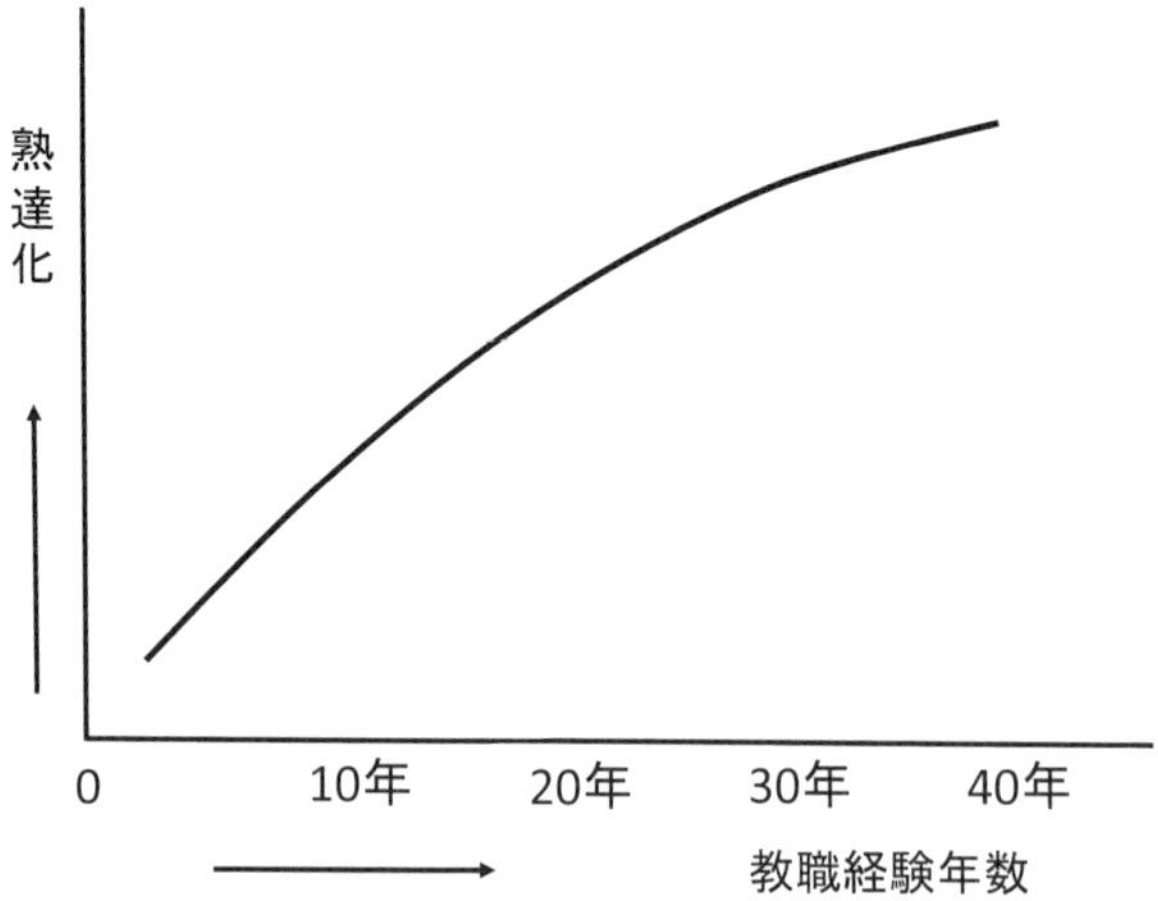

図8-1　成長・熟達モデル

師は、有意差がほとんどありませんでした。このことは、図8−2のように、10年を過ぎると右肩上がりになるのではなく、停滞している状況が考えられます。教職経験年数を重ねただけでは、必ずしも指導力が向上するとは限らないと言えそうです。

(3)　教師の熟達化

教職経験年数の1段階から4段階の教師の「自己省察」に有意差がなかった質問項目は、45項目のうち、25項目（56％）ありました（表8−3）。これらは、教職経験年数が少ない教師も「できている」と感じている項目です。質問19（ほめながら授業を行う）、質問22（教科書を使った授業をする）、質問27（ドリル

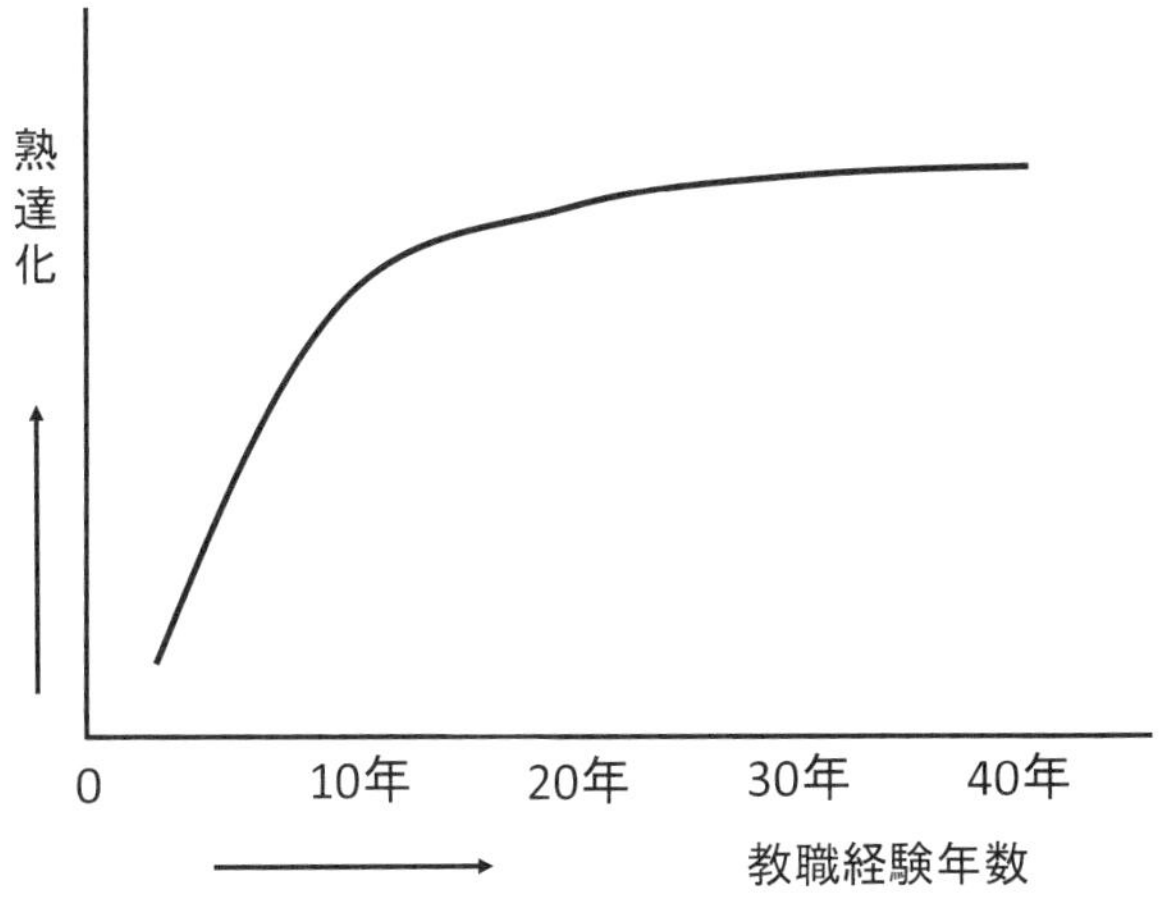

図 8-2　熟達化の停滞モデル

学習を大切にする）といった、主として「手続き的知識」に関わる内容です。それに対して、質問34（「あれ」「もしかして」と子どもに思わせる）、質問44、45（学習の仕方がわかる宿題やしたくなる宿題の工夫）といった内容は、3段階、4段階の教師も平均値が低い結果でした。これらは、子どもの内面に関わることだけに「手続き的知識」だけで解決できるものではありません。豊かな教職経験に裏付けされた「概念的知識」をもとに、教師の創

表8-3　各段階で有意差がない内容

内容	質問番号	質問項目
授業構造	9	学習の順序
	27	ドリル学習
	37	学習のまとめ
授業運営	6	発問（一問多答）
	16	理解の遅い子への指導
	42	宿題以外の自主勉強
	43	個に応じた宿題
学習指導	12	ペア・グループ
	13	子どもなりの考え
	30	一斉授業で意見
	31	グループでの話合い
	32	子どもの発表
学級経営	5	勉強する雰囲気
	19	ほめながら授業
	20	なごやかな笑い声
	29	間違っても安心
学習指導（教材）	22	教科書
	23	ワークシート
	24	ICT
情意	34	「あれ」「もしかして」
	36	できるよろこび
	45	したくなる宿題
理解社会性	44	学習の仕方がわかる宿題
	21	教科書を大切にする
	40	宿題をするのは当たり前

造性を発揮しながら解決できるものです。残念ながら、10年以上の教職経験年数の教師の「自己省察」からは、子どもの「内面」に関わる課題は、解決できている状況ではなさそうです。

図8-3は、この研究をもとに授業における教師の熟達化を筆者が描いたものです。教職経験年数が少ない教師は、他の教師の授業を観察したり、助言を受けたりして、外部から得られる手がかりをもとに授業をつくっていきます。「手続き的知識」を多く取り入れ、「定型的熟達者」として成長することが目の前の目標となります。やがて、この段階は、10年を過ぎたころからピークを迎えます。

このころになると、授業は、子どもの「内

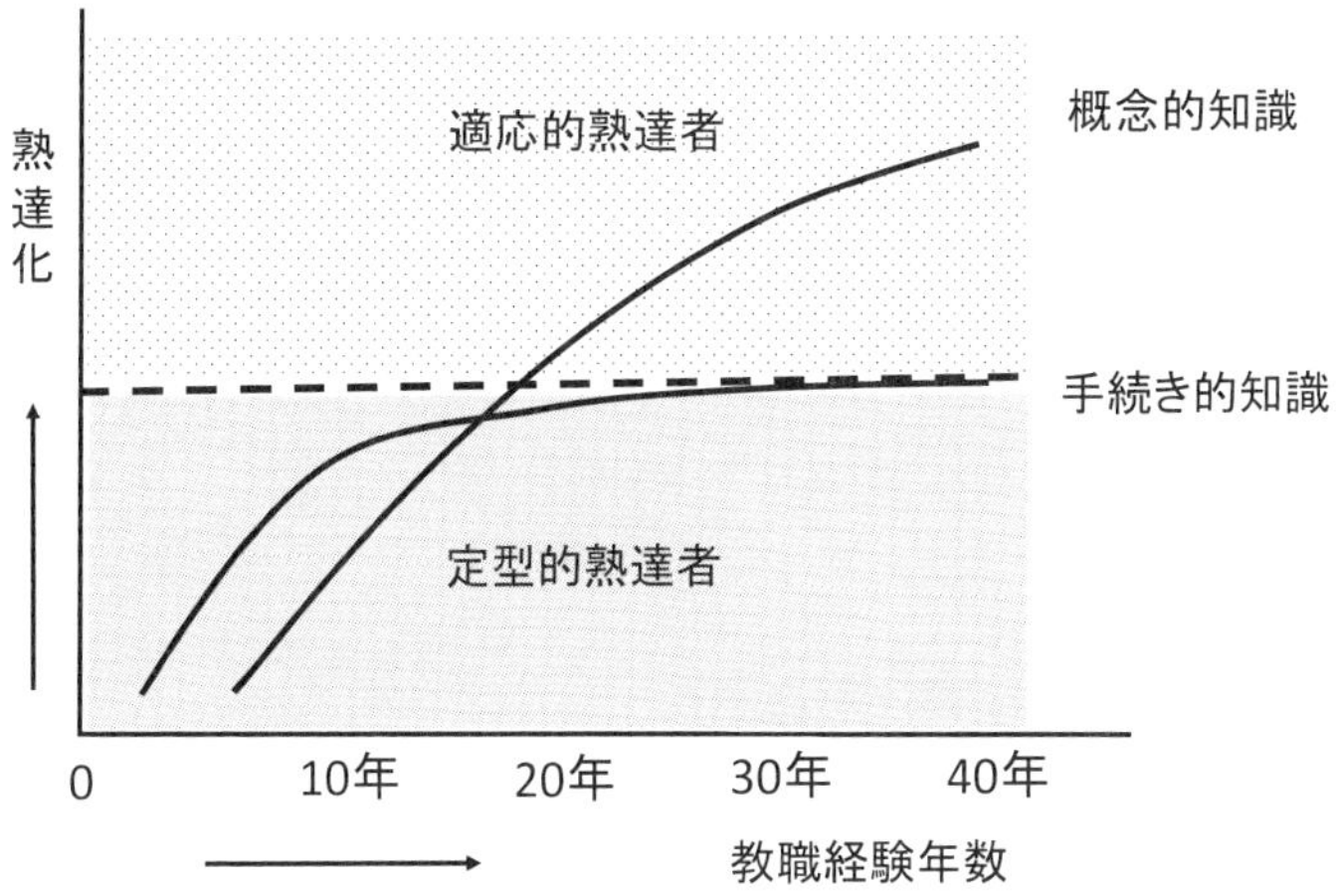

図8-3　熟達化の発展モデル

面」（知識の活用、学習への興味や意欲など）や周辺の要因（教育の動向や学習環境の変化など）と深く結び付いており、これまでの授業を改善する必然性に気付く必要があります。そういった意味から、10年目はとても大事な時期だと考えます。

もう一つ大切なのは、教職経験年数が10年を超えている教師の次の段階に向けた成長です。このころになると、各種主任などの学校組織の大事な仕事を任せられ、授業との両立を考えなければならなくなります。教師が、授業に対して「適応的熟達者」として成長していくためには、目の前にいる子どもの「内面」にもとづいた「概念的知識」を身に付けることが欠かせません。子どもが理解するプロセスや興味・関心をもつきっかけなど、授業における子どもの「内面」の把握です。このことは簡単ではありませんが、それを省いた授業は、子どもを置き去りにした授業と言えます。授業研究の方法には、「ストップモーション方式」「カード構造化法」「授業リフレクション」などがありますが、子どもの「内面」を把握する「再生刺激法」や「キーワード分析」は、子どもサイドから授業を省察し、授業改善をするうえで有効と考えます。

さらには、同好会や研究サークルなどへの参加です。授業研究等に自主的に取り組む教師仲間による研究組織です。このような会に参加することにより、自校だけでは得られない研究の量と質の向上が期待できます。

教師の授業力量は、行政等が主催する計画的な研修だけで身に付くものではありません。教師自身が、授業研究の必要性を感じ、日々の授業の中で、計画・実施・評価・改善を繰り返しながら積み重ねることにより、熟達していくものと考えます。まさに授業研究は、ゴールのない営みと言えます。

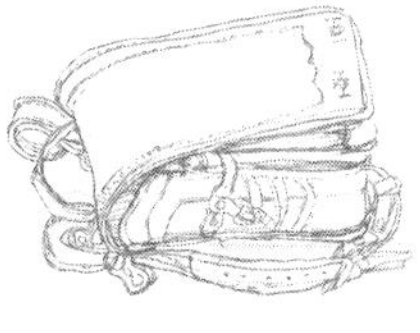

09 教えることは学びの積み重ね

教師の内面（教授知識と意思決定）が授業の質を左右する

(1) 教えるための知識

授業は、小中学校の9年間で、8830単位時間（小学校は1単位時間45分、中学校は50分）を標準に行われることになっています。教科や教師によって、授業の仕方や授業中のきまりなどは少しずつ違うものの、授業のプロセスはほとんど変わりません。一方、授業内容は、毎日変わります。今まで子どもが知らなかった世界や新しい事柄を扱います。

図9-1のように、教師は学習指導要領であらかじめ決められている指導内容を、決められた時間の中で指導すればいいわけです。小学校1年の

学習内容（例えば算数のたし算）でしたら、教師でなくてもだれでもわかりますし、教えることだってできます。自分が子どものころに経験した授業や我が子の参観日の授業を見ると、だれもがこの図のようなスタイルを思い浮かべると思います。

一方、授業を行う教師の側から見てみましょう。**図9-2**の教師の中にある重なった三つの円は、吉崎（1991）の「授業についての教師の知識領域」を簡略化した図です。授業を行うために、教師はどういった知識が必要かを表しています。授業を外から観察しただけではわからない教師の「内面」です。授業を行うためには、小学校1年（算数のたし算）の内容（教材内容）を知っていればいいのではないということです。ここが「職業人としての教師」たる所以だと言えます。

吉崎の説明するそれぞれの領域の概要を、私なりの解釈

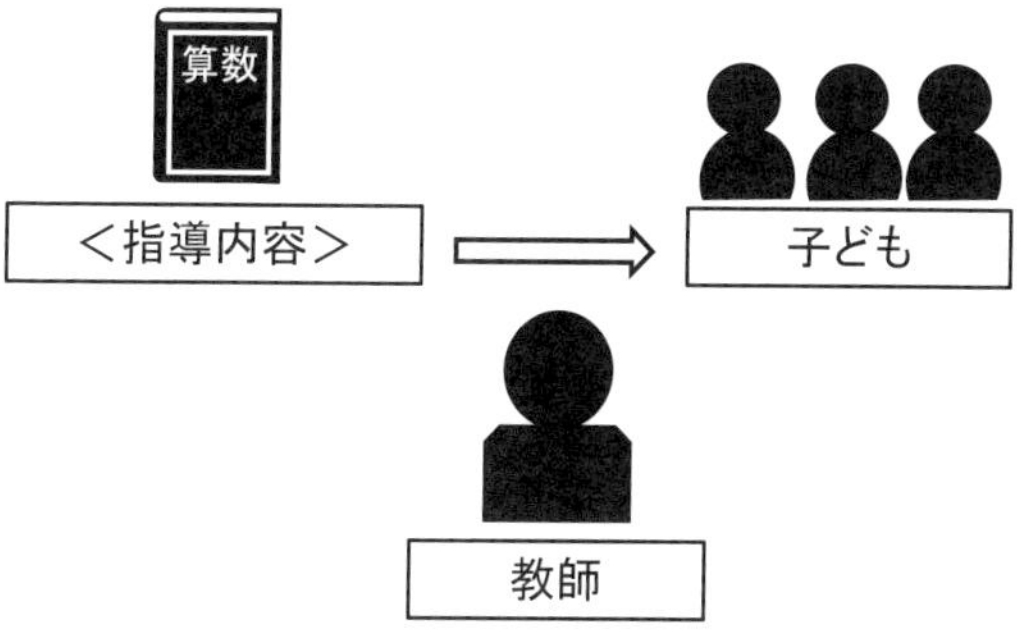

図9-1　外から見ている教師と子ども

も加え、次にまとめました。

①教材内容についての知識

教材の中心概念や概念間の相互関係、他の教材の関係などについての知識。学習指導要領、教科書等の内容。

②教授方法についての知識

講義、探究・発見学習、問題解決学習、ＩＣＴを活用した学習といった学習指導法。課題の提示、展開、まとめ、次時の予告といった授業構造。授業におけるマネジメントや学習ルールといった授業運営に関する知識。

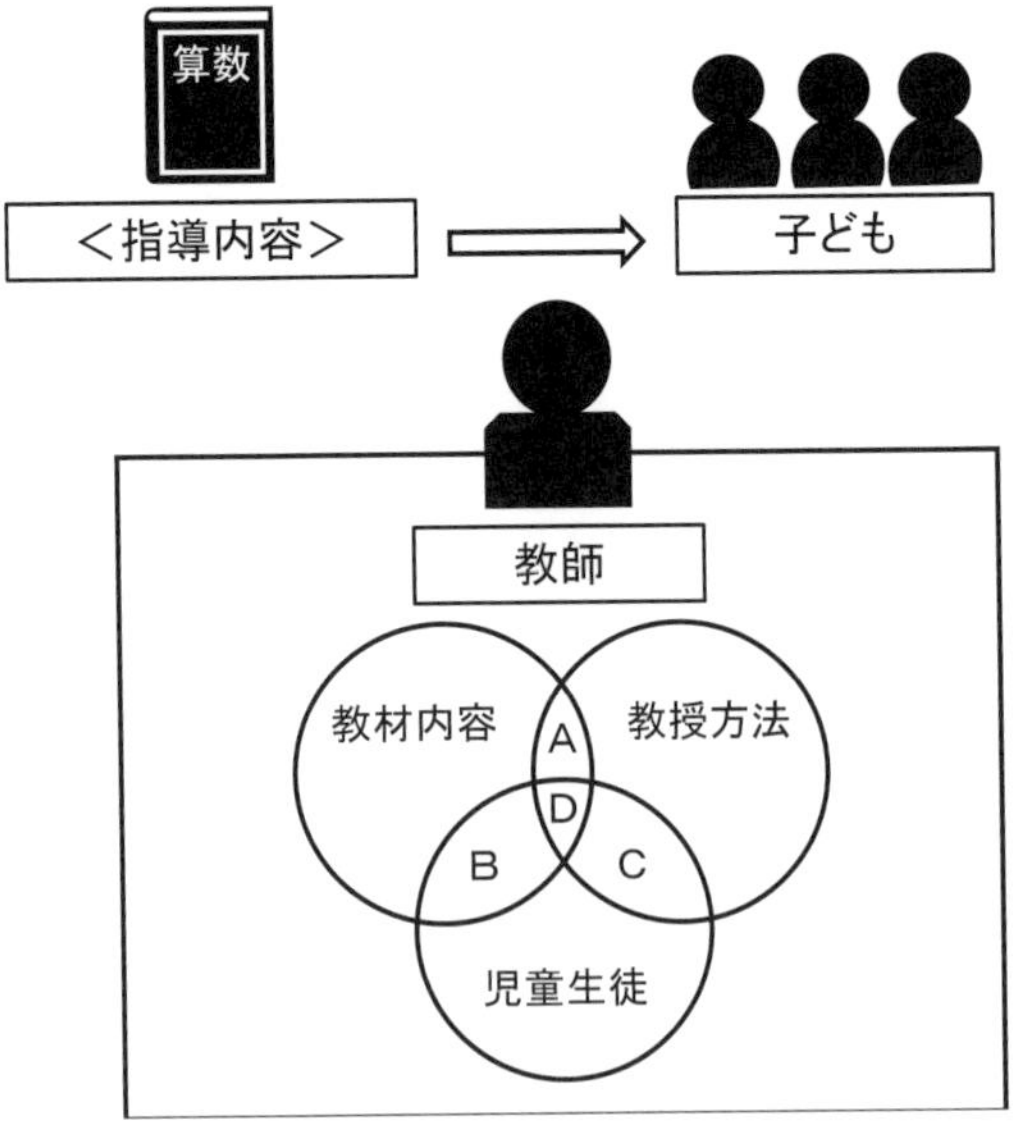

図 9-2　教師が見ている子どもと授業

③児童生徒についての知識

一般的な発達段階における認知的・情意的・技術的特徴、個々の児童生徒の知的特性、学習スタイル、自己概念、社会性、性格等。

さらに、それぞれの領域が重なったA〜Dの複合領域があります。

④複合領域Aについての知識（教材内容＋教授方法）

ある教材を教えるときに、教師が用いる説明、演示、例証などについての知識。

⑤複合領域Bについての知識（教材内容＋児童生徒）

ある教材について児童生徒が既に理解していること。児童生徒がもっている誤った考え、その教材に対する生徒の感情等。

⑥複合領域Cについての知識（教授方法＋児童生徒）

様々な特性やニーズをもつ児童生徒への指導方法、学習の動機付けの方法、学習者の適性を考えた指導方法（適性処遇交互作用）等。

⑦複合領域Dについての知識（教材内容＋教授方法＋児童生徒）

生徒の誤り（つまずき）をもとに未然に防止する、あるいは治療するための教授方法等。

教師が授業を行う際には、このような教授知識がバックグラウンドに用意されていないと授業はできません。例えば、地域の方や専門家の方がゲストティーチャーとして児童生徒に話をしたり教えたりすることがありますが、この場合、彼らは教材についての知識は豊かであっても、児童生徒や教授方法についての知識は十分ではありません。学級担任や担当教師と共に、TT（チームティーティング）で授業をするのはそのためです。

(2) 教えるための意思決定

授業を行うためには、このようにたくさんの知識が必要です。授業者がこれらの知識をしっかり頭に入れておけば授業ができそうですが、さらなる壁があります。

吉崎（1988）は、「授業過程における教師の意思決定モデル」を提案しています。それによると、教師は授業設計段階で、「授業についての教師の知識」の中から最適な知識を選択し、授業実施段階でマネジメントや授業内容等に設計内容とのズレが生じた場合は、知識の中の代替策を選択しながら実施するというものです。つまり、教師は、自らの授業知識の選択を「意思決定」しながら授業を行っているのです（意思決定1）。

さらに、それと同時にモニタリング・スキーマを働かせ、授業自体をこのまま進めるべきか、とどまるべきか、戻るべきかの決断もします（意思決定2）。例えば、子どもがなかなか理解できない原因が、既有知識が不十分であることだとすれば、以前学習した内容を復習するために「戻る意思決定」が必要になります。また、もう少しで理解できると思えば、想定した時間を延長し、「とどまる意思決定」をします。もちろん、授業の設計どおりに順調なら、「進む意思決定」をするでしょう。

　次の二つの例は、愛媛県内の小学校の理科授業での一場面です。

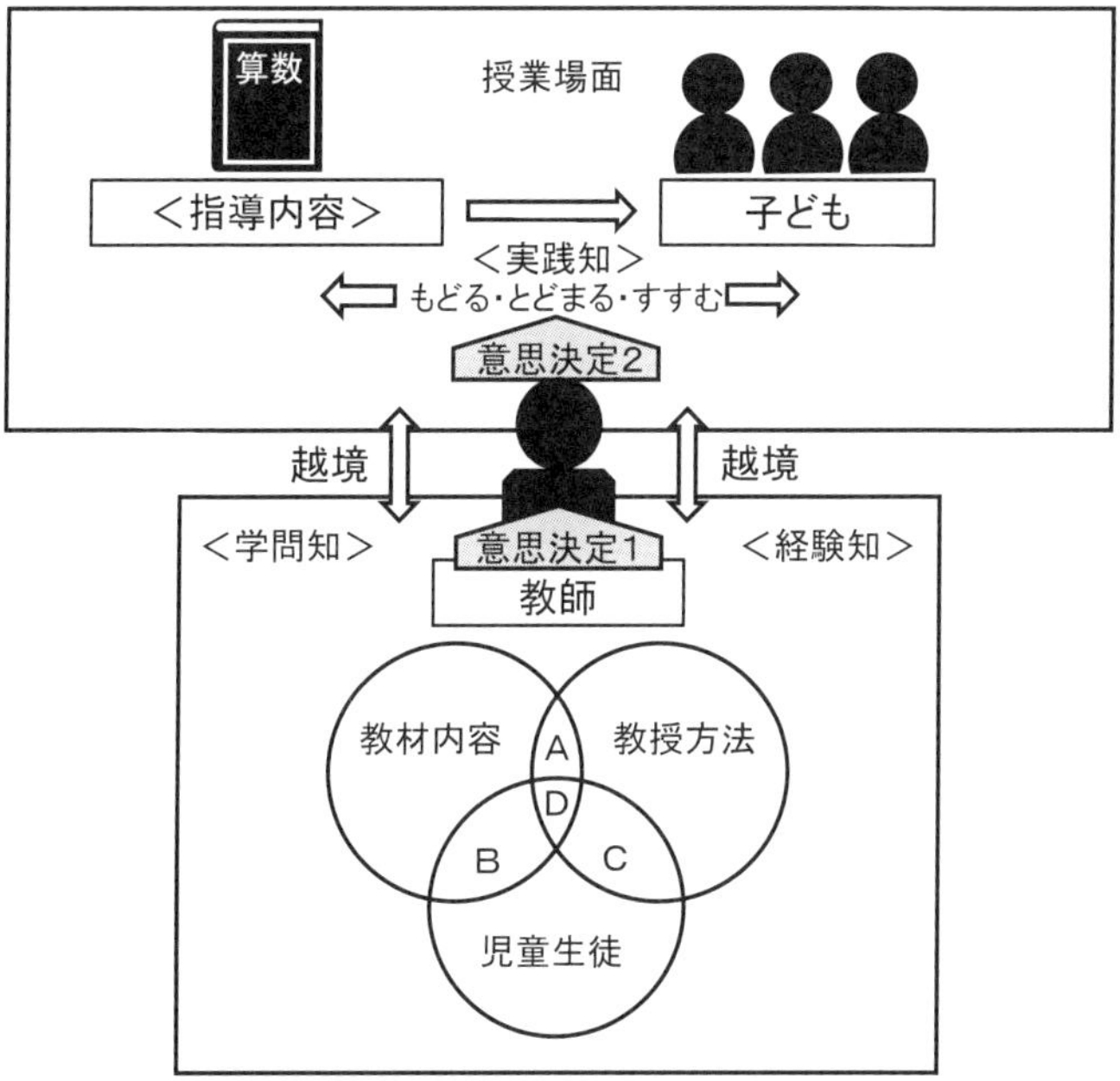

図 9-3　授業における教師の意思決定

①授業1　小学校6年理科「呼吸のはたらきを調べよう」

教　師：みなさんが口や鼻から吸っているものは何ですか？
児童1：空気です。
児童2：酸素です。
教　師：空気、酸素……。これは、どう違うのかな？
児童3：空気は、酸素と窒素が入っています。
教　師：そういえば、空気中の酸素と窒素の割合を勉強したことがあるね。
児童4：酸素は20％、窒素は80％です。
教　師：空気を吸うことは、酸素だけでなく窒素も吸っているね。
　体にとって必要なのは、両方かな？　それともどちらか一方かな？
児童5：先生、深呼吸してわかりました。やっぱり酸素です。窒素だけなら、こんなに力を入れなくてもスーと呼吸できるはずです。酸素は20％しかないから、力を入れて呼吸しなければいけません。

深呼吸をして、人の体に必要なものが酸素か、それとも窒素かを調べる方法は、教科書にも出ていません。教師が事前に教材研究をしていても、子どもからこんな考えが出るとは想定していませんでした。

教師は、どう答えたでしょう。

- この調べ方は科学的な方法でないね。別の方法を考えましょう。
- 普段は、力を入れないでもスーと呼吸できますよ。
- 面白いですね。みんなで深呼吸してみましょう。……どうですか？
- そういえば、走ると呼吸も早くなるね。酸素をがんばって体に取り入れているのかもしれないね。

教師によって対応はいろいろ考えられます。

肺の中の仕組み（肺胞の数は数億個もあり、広げるとたたみ60畳分もの広さになる）と酸素と窒素の割合とを関係付けた展開や、吐く息を調べる展開（吐く息には二酸化炭素が含まれ、窒素ではなく酸素が二酸化炭素に変化する）、空気の中での燃焼実験（燃焼前と燃焼後の空気の質が変化する）と関連させると解決できるといった展開の知識があり、それらをもとに「意思決定」できれば、児童5の考えは生かされることになります。そうでなければ、せっかくいい考えを思いついた児童5の考えは取りあげられないことになるでしょう。

教師が「意思決定」するためには、このように教材、児童、教授方法等すべての知識を総動員し、最善の方法を瞬時に「意思決定」しなければならないのです。

この判断が、子どもの学習意欲や学習理解を左右するといっても過言ではありません。

次に、もう一つの授業です。

②授業2　小学校3年理科「じしゃく」

各班の実験で、水に浮かべた棒磁石は、いくら向きを変えても決まった方向に向くことを子どもたちが見つけました。ここでは、授業のまとめの場面を取りあげます。

教　師：見てください。1班、2班、3班、……。どの班の磁石も同じ方向を向いていますね。いくら元に戻しても、ゆっくり動いて、また同じ方向を向きます。不思議ですね。このことからどんなことが言えますか。

児　童：先生、わかりました！（教室から見える）あそこに大きな鉄塔があるからです。鉄塔は鉄でできているから、磁石が鉄の方に向きます。

教師は、実験も成功し、「棒磁石のN極が向く方向が決まっていて、北をさしている」

と黒板に書いてまとめにしようとしていました。その矢先、棒磁石の向いた方向に大きな鉄塔があることに子どもが気付いたのです。

この場面では、みなさんだったらどのような「意思決定」をしますか。

- 鉄塔はずいぶん離れているから関係ないですよ。（まとめに進む）
- そうかもしれないから次の時間に調べてみましょう。（とどまる）
- 砂鉄で調べた磁力線を、もう一度見直しましょう。（戻る）

こういった場合に、判断をスムーズに行うためには、問題の構造を理解し、「こういった状況ならこの方法で」「この問題ならあの方法がよい」といった「定型的意思決定」ができる選択肢が必要になります。

一方、問題の構造が不明確で前例のない問題の場合は、「非定型的意思決定」となります。これには慎重な判断が求められ、時間もかかります。大学を卒業してすぐに教壇に立つ場合、あるいは教師を数年経験していても今まで担当したことのない学年を受けもつ場合などは、「意思決定」を容易にする選択肢の確保に努めなければなりません。

では、ベテランの教師は、授業についての知識が豊富だから安心でしょうか。

そうとも言えません。情報ネットワークや機器等の進展、社会のグローバル化による人、文化、知識の多様化は、生活様式や価値観にも変化を与えています。したがって、教師の知識も絶えず変化が求められます。また、「正常性バイアス」に似た心理が働くこともあります。都合の悪い情報を無視したり、情報を過小評価したりして、正しく判断できないことです。それを防ぐためには、教師の知識や判断力を柔軟にかつ俊敏に変化させることが必要となります。

麻生（2016）は、大学と行政が行う学校インターンシップについて、実践の場において、学問知を生かす取組が難しいことを挙げています。それは、学問知と実践知の往還は、いずれかの文脈に従属的になる「包摂的越境」になる恐れがあるからです。それを解決するために、学生、教師、大学教員が相互に交流し、学問知と実践知を往還することによる、ダイナミックな「共創的越境」を行うことが大切であると述べています。

このことは、授業における教師と子どもとの関係にも同様に当てはまります。教師がもっている「学問知」と、子どもを前にした授業での「実践知」はある意味、異質な文脈を背景とするもの同士と言えます。両者をつなぐためには異質な文脈を「越境」し「往還」しなければなりません。さらに、「省察」することで「経験知」を培い、新たな「学問知」

が形成されます。

教師の「教授知識」や「意思決定」は、授業や研修を通した「経験知」や「学問知」と深く結び付いているため、日ごろの授業実践の積み重ねや授業研究、自己研修を抜きに蓄積することはできないのです。

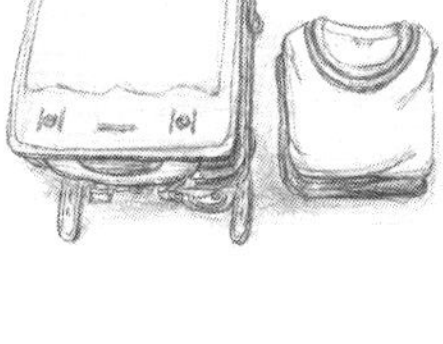

10 専門職でないとできないこと

教師の内面（教材観と指導観）で変わる子どものの見方・考え方

(1) 生徒に嫌われる理科実験

中学校2年理科に「消化と吸収」の授業があります。学習のねらいは、次のとおりです。

- 消化についての観察、実験などを行い、動物の体が必要な物質を取り入れ運搬している仕組みを観察、実験の結果などと関連付けて理解する。
- 消化に関わる器官やそれらが組み合わさって動物の生命活動を維持していることを理解する。

この学習の大事な点は、二つあります。一つは、「体の仕組み」であり、もう一つは、「生命活動の維持」です。毎日、口から食べたり飲んだりすることは意識して行っていますが、その後の体内でのゆくえまで考えることは、ほとんどありません。食べ物や水が、生命を維持しているといったことはわかっていても、その仕組みまで知ろうとは思っていません。おなかがすけば食べ物を食べ、のどが渇けば水を飲む。あとは、体まかせです。

体の中で繰り広げられている、食べ物を消化する仕組みはとても複雑です。その巧みな仕組みを理解することがこの単元のねらいであり、このことがさらに、生命の大切さに気付き、自分が生かされている存在であるということを意識することにもつながります。

この学習は、命にも関係する大事な学習です。しかし、生徒からはとても不評です。だ液を使って実験をするため、「きたない」というのが、その理由です。

教科書にもとづいた実験だと、次のようになります。

- デンプンだけを入れた試験管と、デンプンにだ液を入れた試験管を用意し、体温と同じ温度に温める。
- しばらくして、それぞれの試験管にヨウ素液を入れる。デンプンだけを入れた試験管は、青むらさき色。だ液を入れた試験管は、薄い黄色のまま。このことから、デンプンが他のものに変わったことがわかる。
・デンプンは何に変わったか。糖に反応するベネジクト液を入れると、青色から赤褐色に変わったため、糖があることがわかる。

この実験で、果たして「体の仕組み」や「生命活動の維持」が理解できるようになるのか、だ液は「きたない」という生徒の見方が変わるのかというのは、甚だ疑問です。

愛媛県内の公立中学校の理科教師、井原（当時教諭）は、こういった疑問から次のような授業を行いました。

【実験】
①だ液＋わらびもち
②胃液＋かつおぶし
③すい液＋わらびもち
④すい液＋かつおぶし

【調べ学習　消化液の働き】
・だ液は、デンプンに働く
・胃液は、タンパク質に働く
・すい液は、デンプン、タンパク質、脂肪に働く

生徒は、優秀な消化液として次のような順位をつけました。

1位　すい液（理由：デンプン、タンパク質、脂肪に働くから）

2位　胃液　（理由：固い魚や肉にも働くから）
3位　だ液　（理由：やわらかいデンプンにしか働かないから）

実験を始めました。まずは、だ液＋わらびもちです。驚くことに、5分もすると半透明のわらびもちが透明になり、水のようにさらさらになります。一方、万能だと思っていた人気1位のすい液は、いっこうに変化が見られません。

これを、食べ物がその場所に滞在する時間と対比させてみると、口・食道は約1分、胃の中は約4時間、小腸は約8時間です。だ液は胃の中に入ってしまうと、胃液の強い酸のため、その働きを失います。だ液には、たった1分しか与えられていないのです。

図10-1　消化液の働き（井原）

このように、消化液から体の働きを見ると、そこにはだ液、胃液、すい液の消化液としての性質だけではなく、消化管を通過する時間とうまく連動している巧みさに気付きます。さらに、消化・吸収を助けるバックアップ機能、効率的な吸収を行う仕組みが見えてきます。消化液一つから、人の体の巧みな仕組みや命を支えている不思議さに気付き、「きたない」と思っていただ液の見方が変わるきっかけになります。

国語の教師だった大村はま（1973）は、「書く練習をしようと思ったら、まず書き表したいことを心にもたせることです。書くことが胸からあふれそうな、そういう状態を子どもにつくって、思わずそれを書きたくなるように、それからそれへと展開していくようにさせなければならないでしょう。そういう気持ちにさせるのは、専門職の教師でないとなかなかできないものです」と述べています。

授業を通して、生徒の「内面」に変化を与えるきっかけをつくる。これができるのは、生徒のことを周知し、教材をしっかり研究している教師だけです。これができる教師が、専門職にふさわしい教師だと言えます。

ところで、白松（2017）は、教師が行う授業と、教師が行っているもう一つの仕事「学級経営」を、「二つの学級経営観」としてまとめています（図10-2）。白松によれば「広義の学級経営」を、児童生徒の参画による自律的・自治的な活動、児童生徒と教師による協働的な活動と定義しています。ともすれば、学級経営と授業は、別のものととらえがちです。しかし、「広義の学級経営」の内容は、そのまま授業にも当てはまります。先ほどの授業例にあったように、生命に関する内容は、個人だけのことではなく、学級全員に関わることであり、互いの命を尊重することは、人間関係の根幹に関わります。このように考えると、日々の授業は、全人教育をめざした学級づくりでもあります。学級経営は、授業を抜きに考えることはできません。

小学校の理科教師だった露木（2003）は、「子どもが本気になって対象にかかわり、教師と子どもとがそのことを通して『至福の経験』を可能にする時間と空間を共有すること、これが授業の目標となる。そのために、教師は、対象世界の向こうに広がる文化に関心を持たねばならないし、その世界をどう子どもとのかかわりまで引き込むか（教材化）に心を砕かねばならないだろう。そ

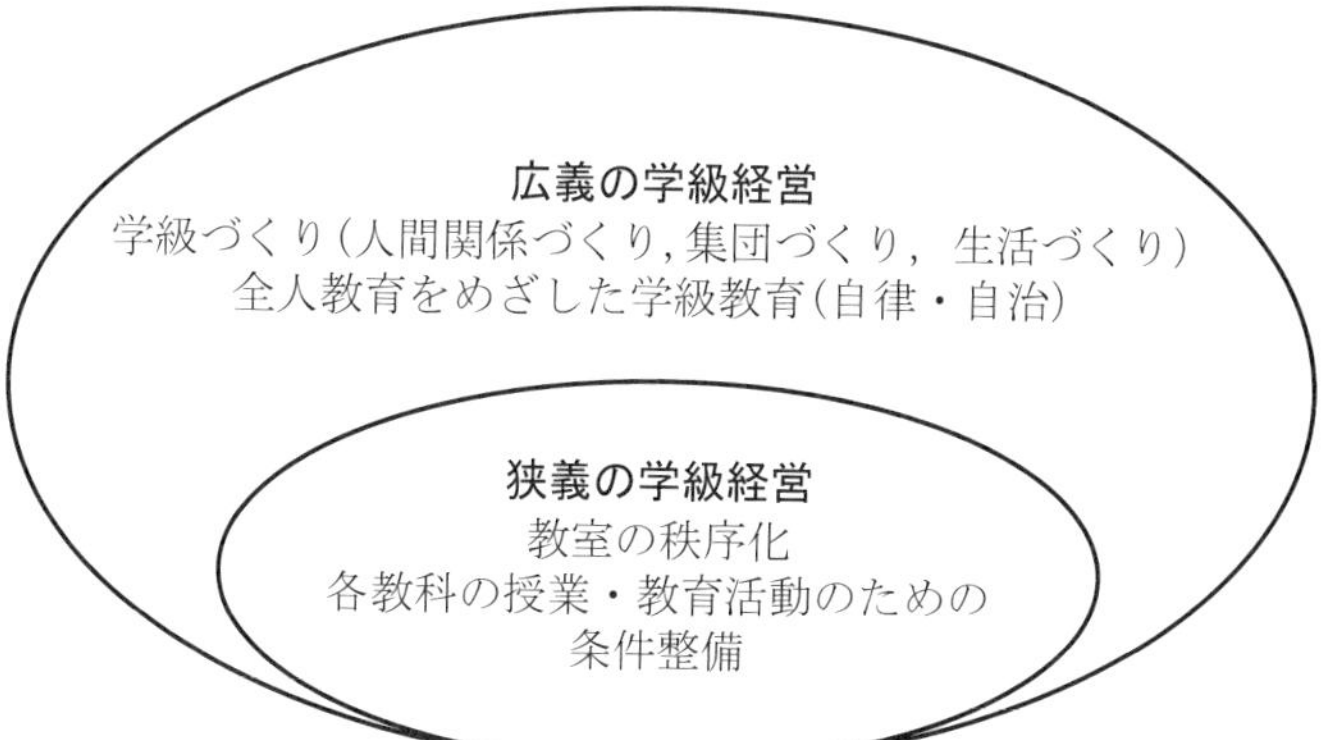

図 10-2　二つの学級経営観（白松）

の対象世界とのかかわりを通して、教師はより深く子どもの内面を理解していくのである」と述べています。露木の言う「時間と空間の共有」「対象世界のかかわり」「内面の理解」は、まさに授業を通した学級づくりでもあると言えます。

次に、「狭義の学級経営」です。これは、授業をスムーズに進めるためのきまり（秩序）をつくることです。授業開始3分前に着席する、発言者の方を向いて聴く、授業が終われば次の授業の準備をしてから休憩するなどです。

学級の秩序や維持に関しては、香川・吉崎（1990）は、小学校1年生の担任教師3名（中堅教師1名、若手教師2名）がいつ、どういった授業ルーチンを授業に導入しているかを調べています。それによると、3名の教師とも、4月に学習の準備・整理・後始末に関するルーチンや話し方・聞き方に関するルーチンを9割以上導入していることがわかりました。5・6月になると、これらのルーチンが大幅に減り、ノートの使い方など、それぞれの教師独自のルーチンが増え、その教師なりの授業や学級がつくられると述べています。なお、この研究では授業ルーチンを、「授業がもっている複雑さをある程度まで軽減し、授業に秩序と安定をもたらすところの、教師と子どもによって共有化され定型化された一連の授業行動（教授行動と学習行動）である」と定義しています。つまり教師は、授業の秩序と安定のために、授業を実施するうえでのきまりや授業ルーチンを駆使しながら授業を実施しているのです。

こういったルールがないと、秩序と安定を欠き、スムーズに授業を実施することができません。授業を行ううえで不可欠であることは言うまでもありません。しかしながら、「狭義の学級経営」が「広義の学級経営」の割合より大きくなっていると思われる授業によく出会います。

例えば、授業のはじめに教師が学習課題を与え、「今日はこれについて考えましょう」と言って始まるような授業です。これでは、子どもの課題ではなく、教師の課題を子どもに解決させる学習になっています。こういった授業は、本当に子どもたちの学びたい・知りたいといった欲求にもとづいていません。つまり、大村が言う「胸からあふれそうな状態」になった課題かどうかということです。

もう一つ、「隣同士で話し合ってください」「グループになって意見をまとめましょう」と教師が指示するような授業です。最近の授業では、こういった指示が必ず見られるようになってきました。授業を観察していると、実に活発で主体的な授業に見えます。しかしながら、果たして子どもは、問題解決の方法として学習形態を変えたり、話合いを行ったりすることを求めているのでしょうか。

「もう少し自分で考えさせてください」

「A君の意見をもっと詳しく聞きたいのですがいいですか」

「違う意見の人と話をしてみたいのですが、席を移動してもかまいませんか」

などと、子どもが問題解決の方法を自分自身で選択しながら学習を進める。こういった学習を通して、メタ認知にもとづく問題解決が子どもの「内面」に培われていくのではないかと考えます。


もしも教師が、秩序の安定を最優先に考えているとしたら、教師が決めたルールを盾に授業を進めることになります。教師にとってはマイペースに授業を進めることができ、都合がよいわけですが、児童生徒にとっては実に居心地の悪いものになります。「広義の学級経営」の中に書かれている「全人教育をめざした学級教育（自律・自治）」はもちろんできません。

授業や学校生活を通して、子どもの「内面」に学びの総体を日々築いていくことができる。このことは、専門職の教師でないとできないことです。

11　毎日が授業研究
教師の内面をみがくには

(1)　学習指導案に表れる教師の意識

図11-1は、愛媛県内の小中学校（同じ市内）の校内や地域で行われた授業研究会において、学習指導案の指導観に記述されていた内容をグラフに表したものです。第9章の「授業についての教師の知識領域」をもとに、学習指導案に書かれている字数を調べました。対象とした指導案は、小学校4校（教師20名・7教科）、中学校2校（教師14名・7教科）です。授業者の平均年齢は小学校32歳、中学校36歳でした。この結果は、あくまで一つの事例であり一般化したものではありませんが、小中学校の教師とも、

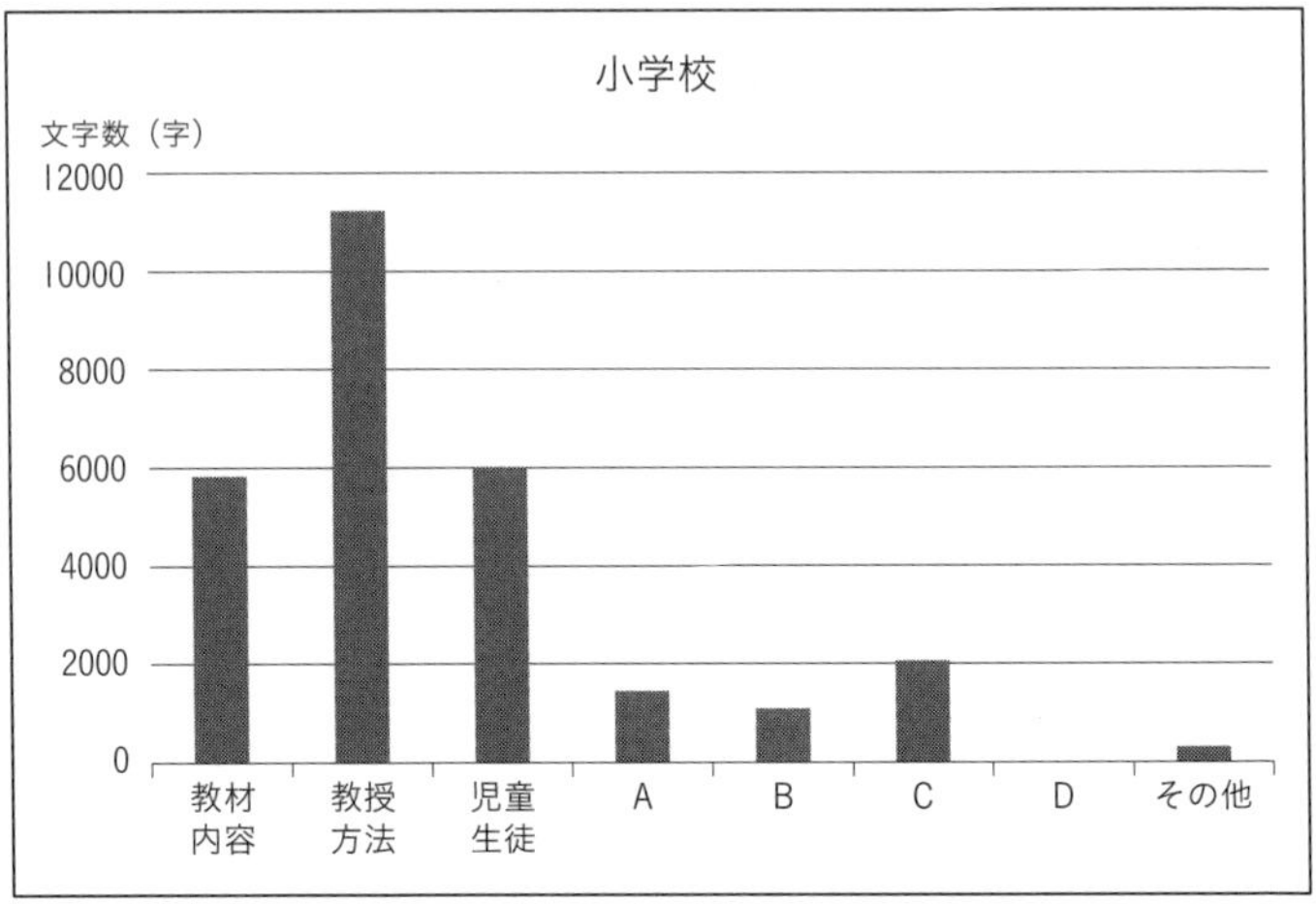

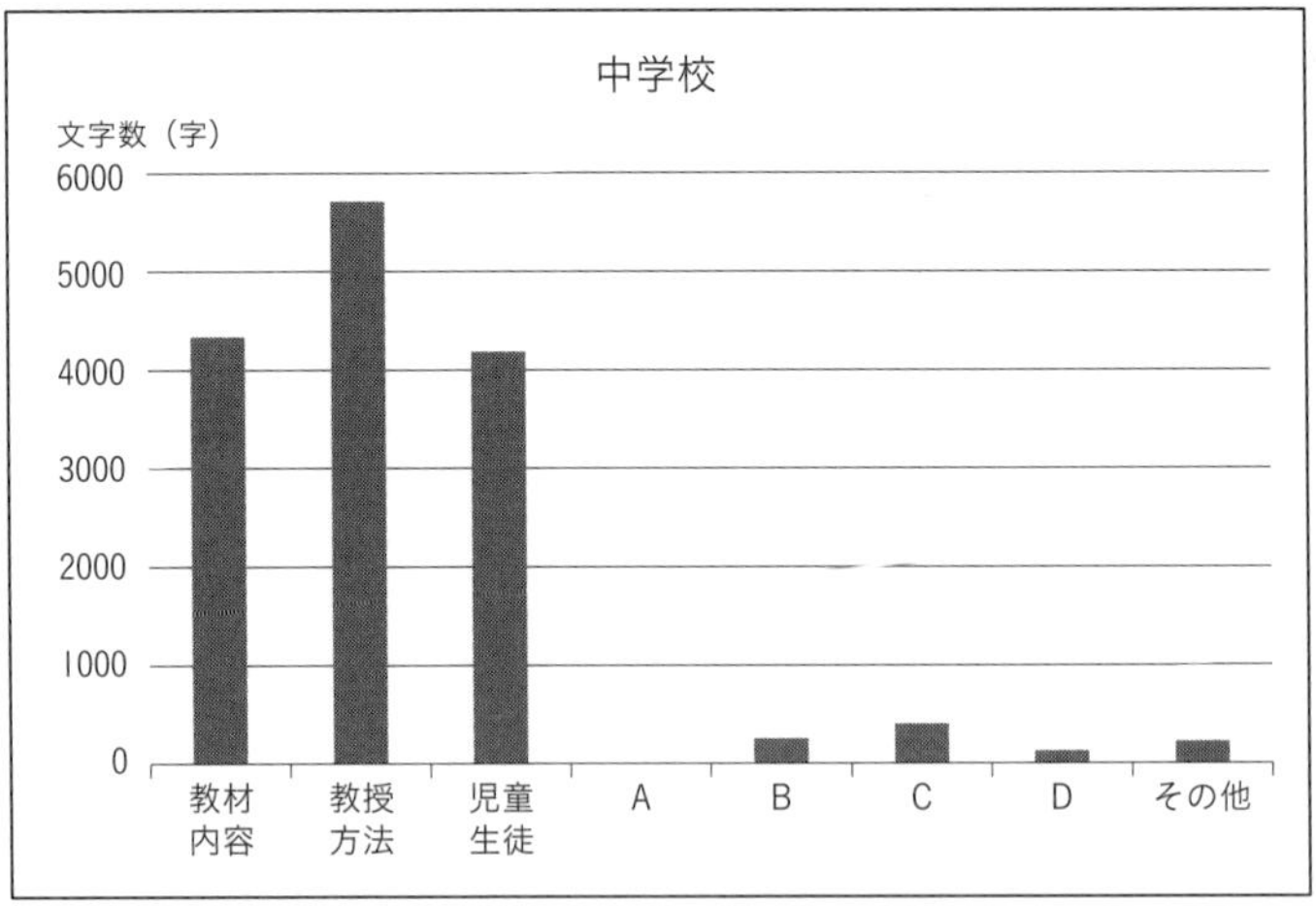

A（教材内容＋教授方法）　B（教材内容＋児童生徒）
C（教授方法＋児童生徒）　D（教材内容＋教授方法＋児童生徒）

図 11-1　学習指導案の記述内容

「教授方法」に一番多くの字数を占めていました。次に多いのは、「教材内容」と「児童生徒」で、記述はほぼ同じ文字数でした。

教師は、学習指導案の中の「教材観」「児童生徒観」「指導観」の3項目について同じように記述しているつもりでも、知らず知らずのうちに「教授方法」を一番重視していることが考えられます。また、「教材内容」は、学習指導要領に関する内容や教材の価値、「児童生徒」に関しては、既習事項の理解の状況、興味・関心、学習態度といった内容が書かれていました。これらは、外部から観察可能な情報で顕在的であり、どの教師も共通認識できます。

次に、「教授知識」の中の複合領域のA~Dに関する記述は、小中学校とも少ない傾向が見られました。そのうち、複合領域A（教材内容+教授方法）は、主に教師が関わる部分で、顕在的部分と言えます。一方、複合領域のB（教材内容+児童生徒）と複合領域C（教授方法+児童生徒）は、授業を実施する中で、教師と子どもがつくる部分です。最後に、複合領域D（教材内容+教授方法+児童生徒）は、授業の核になる部分と考えます。教師が教材を使い、教授方法を考えて実施した授業を通して、児童生徒にどんな学力を身に付けるかといった部分です。複合領域B、C、Dは、「内面」に関わる、目に見えない潜在的部分です。それだけに、しっかり見極める必要があります。これらを、図に表したものが**図11-2**です。

では、なぜ教師は複合領域を学習指導案にあまり記述しないのでしょうか。この原因はいくつか考えられます。

①学習指導案の形式

学習指導案の主題設定の理由は、ほとんどの場合、「教材観」「児童生徒観」「指導観」の三つの観点で書かれています。教師は当然、複合領域に関することを考えて学習指導案を作成しますが、三つの観点が決まっているため、その内容に関することを中心に記述していると考えられます。

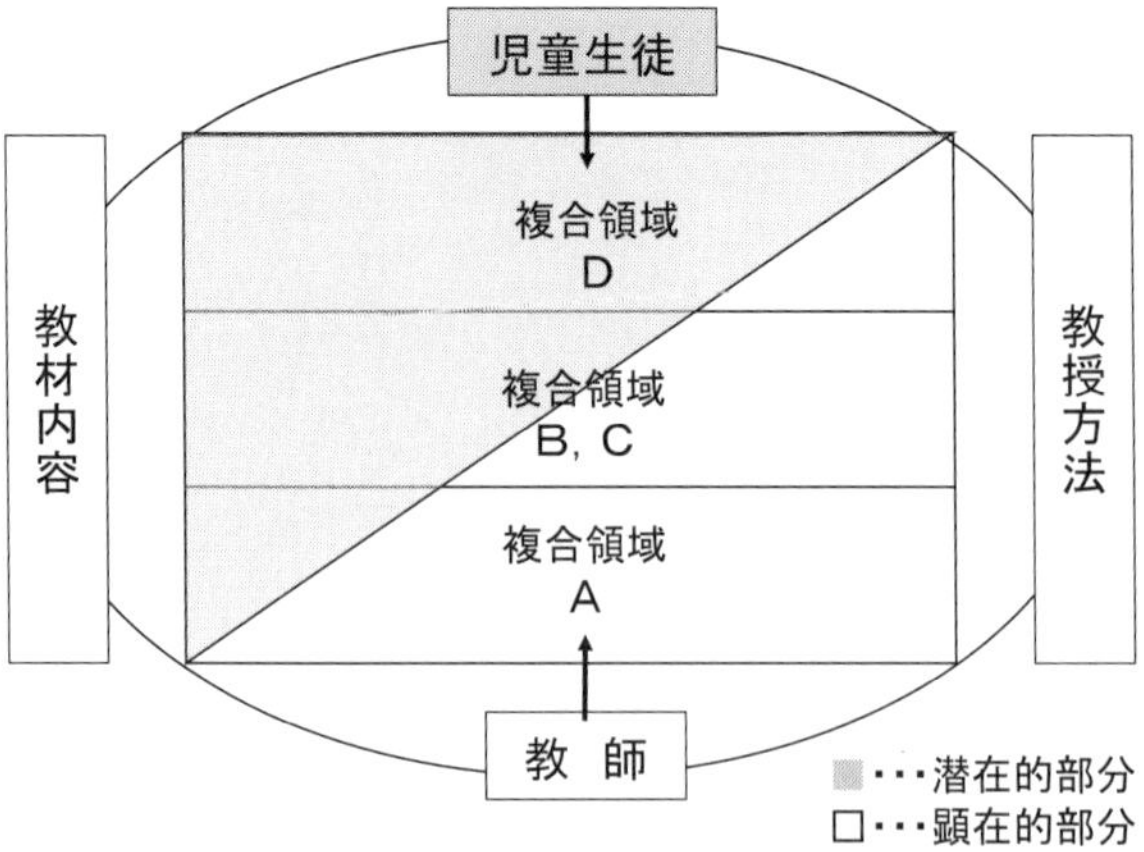

図 11-2　教授知識と教師、児童生徒

②授業展開の形式

学校等で授業展開があらかじめ決められている場合は、ほとんどの教科が導入から終末まで同じ授業パターンとなります。例えば、「課題提示―話合い―解決―まとめ―ふり返り」というパターンです。この学習方法を繰り返すことにより、学習の仕方を身に付けさせることをねらいとしています。

しかし、子どもが問題意識をもたない「課題提示」や、児童生徒に任せたままの「話合い」であれば、「教授方法」に依存する教師サイドの授業になる恐れがあります。また、この授業スタイルに合わない子どもへの対応、定型化された授業による意欲の欠如への手立てが必要です。学力向上が叫ばれ、授業の成果が取り沙汰されるようになり、こういったパターン化の傾向は強くなってきています。

③よい授業のステレオタイプ

例えば子どもが積極的に挙手や発言をしたり、グループ学習を頻繁に行ったりする授業は、子どもがいきいきしていてよい授業と評価されます。しかし、授業後の小テストや子どものノートの記録を見ると、理解できていなかったり知識が身に付いていなかったりすることがあります。子どもは、挙手をすることや話合いを進めることに気を取られ、自分で考えたり考え直したりすることが十分できていないことも考えられます。外部から得られた手がかりをもとに、教師や授業観察者が授業の良し悪しを判断することも慎重でなければなりません。子どもが積極的な授業はよい授業というのは、ある意味、教師の判断違いかもしれないのです。子どもにとってよい授業とは何か。「潜在的部分」に目を向け、子どもの「内面」に傾注できる授業の本質を見直す必要があります。そのためには、教師自身が自分の授業の振り返りをすることが大切です。教師のステレオタイプに対する見直しです。

こういった事柄を改善するための方法を、現在取り組んでいることや参考になると思われる実践事例などをもとに、述べようと思います。

⑵ 学習指導案の見直し

図II-3は、小学校3年理科「明かりをつけよう」の授業を行った教師の学習指導案の一部です。

アンダーライン①からは、児童が自然に親しむことを好むこと、校区の特徴はわかります。しかし、本単元の豆電球と乾電池についての子どもの実態はわかりません。授業の観察者は、そこが知りたいところです。次に、アンダーライン②は児童観の中に書かれていますが、教師の指導に対する意図が述べられており、指導観にも関わる部分と言えます。すなわち、複合領域C（教授方法＋児童生徒）に該当します。さらに、アンダーライン③で、子どもが主体的になる本教材の魅力や、複合領域B（教材＋児童生徒）の本教材と子どもからどういった問題が生まれるのかといったことが表現されていれば、指導者の意図がよくわかるでしょう。

これはほんの一例ですが、他にもこれと同様の見直しが必要なケースによく出会います。授業者がそれぞれ工夫して授業を行っても、授業の観察者と共有化できないと、話合いを進めることは困難です。事後の話合いの内容が拡散し、

【児童観】

・①本学級の児童は、科学的なものの見方をしたり、自然を愛好したりする児童が多い。本校区は自然が豊かで、昆虫や植物に触れ合う機会が多く、総合的な時間には、…(中略)。②「なぜ」の問いを「わかった」につなげるための方法やその根拠を明確にし、他者に伝えるための「見える化・言語化」を進めていく必要がある。

【教材観】

・③本単元は、実験などに関する技能を身に付けるとともに、主に差異点や共通点をもとに、主体的に問題解決しようとする態度を育成するのに適した教材である。

図 11-3　学習指導案の記述例

授業のどこが問題か、どんな成果があったのかといった焦点化ができない恐れがあります。このことは、さらに研究の蓄積を難しくします。

こういった原因の一つに、教授知識の中にある複合領域のA～Dの存在が、教師の中に意識されているにもかかわらず、学習指導案に位置付けられていないことがあげられます。教師がこのことを心がけて学習指導案を作成すれば、授業実施の際にも教授知識を意識することができ、さらには、不十分なところを補うことによって教授知識をより豊かにすることができます。また、授業の観察者にとっては、事後の話合いの際の視点が明確にでき、このことは、授業改善の手がかりにつながります。

「教授知識」は、授業に必要とされる教師の知識です。この知識を授業の中でフル活用することで、授業の質の向上だけでなく、教師の指導力の向上につながるものと思います。「主題設定の理由」の記述は、教師にとって一番頭を悩ますところであり、時間がかかるところでもあります。それにもかかわらず、授業後の話合いでは、あまり話題になりません。一番時間がかかるのに、重要視されていない。とてももったいないことです。**図II-4**は、学習指導案の「主題設定の理由」を、教授知識をもとに七つの領域に分けて書いたものです。特に「潜在的部分」は、教師の指導意図が表れる大事なところです。今後、授

主に児童生徒に関わる領域／主に教師に関わる領域

潜在的部分／顕在的部分

教授知識の領域	指導内容
児童生徒+教材+教授方法（複合領域D）	□豆電球がつく・つかないつなぎ方，電気を通す・通さない物の回路や物質についての差異点や共通点を、身の回りの物などで調べることにより，電気の働きのきまりを見つける。 □学習した電気の性質や働きに興味をもち、おもちゃを作ったり、電気を使った道具の工夫しているところを調べたりする。
教授方法+児童生徒（複合領域C）	□一人一人の学習意欲が高いため，個別の実験を中心に行う。 □実験結果は，個別から全体で確かめ，全体の問題を個別やグループで調べる方法でする。 □電気を通す・通さないの学習では，個別の操作が難しいため，ペア学習を行う。
教材+児童生徒（複合領域B）	□乾電池と豆電球をつないだときに，豆電球がついたときは，電気が通り，つかないときは電気が通っていないと考える。 □回路ができていても，回路に入れる物によって豆電球がついたりつかなかったりすることから，電気を通す物，通さない物があることがわかる。
教材+教授方法（複合領域A）	□一人1セット（乾電池，豆電球，導線）を与え，何度もつないだり，つなぎ変えたり，付け足したりすることで，回路や物の性質を理解させる。 □つなぎ方を変えたり、身の回りの物で電気を通す・通さない物を調べることで、電気の性質のおもしろさに気付かせる。 □ショート回路や家庭のコンセントへの接続をしないための安全指導を行う。
教授方法	□実験の結果を表などを使って分類，整理させる。 □豆電球がついたり，つかなかったりすることを「電気」「回路」という言葉を使って説明させる。
教材	□1個の乾電池，1個の豆電球，導線を用意する。 □電気を通す・通さない物は，身の回りにある物を鉄，アルミニウム，ガラス，木等，児童が調べたいものを用意させる。 □「エネルギーの変換と保存」に関する内容で，第4学年「電流の働き」の学習につながる。
児童生徒	□自然に対して，積極的に働きかけ，科学的な見方や考え方ができる児童が多い。 □実験の結果をまとめたり，相手に説明したりすることが，やや苦手である。

【学習理解に関するキーワード】電気，豆電球，回路，導線，電気を通す物，電気を通さない物

＜ 教 師 ＞

図 11-4 主題設定の理由（教授知識と授業の構造）

業設計、授業改善に向けた効果が期待されます。

(3) 授業展開の見直し

次の詩は、特別支援学級（小学校）2年生、A君が書いたものです。野菜嫌いで、キュウリのにおいも苦手です。家でもキュウリは食べません。もっと嫌いなことは作文です。そんなA君が、キュウリのことを喜んで詩に書きました。

きゅうり

ぼくのきゅうり
はたけでとれたよ
とげとげとつるつる
虫にたべられている
風でけがをしている
みどりいろときみどりいろのところがある
しぜんのにおいがする

この学級は、5月のはじめに、同じ学級の友達5名と、キュウリ、ナス、カボチャ、トウモロコシなどの苗を植えました。A君は話合いの末、キュウリの水やりを担当することになりました。A君の水やりの方法は、苗の上から、どの葉にも水がかかるようにします。だからA君のキュウリの葉は、みんないつもピカピカです。

やがてつるがだんだんと伸びて、A君の背より高くなってくると、水やりが大変になってきました、背伸びをして水やりをしなくてはならないからです。この時に、A君の担任である木原教諭は、キュウリが水を飲むところは土の中の根であることを教えます。A君は、土に水をやればいいことを初めて知りました。翌日から、根の近くに水をやるようになりました。

また、無口なA君ですが、毎日世話をすることで担任にぽつりと話しかけるようになりました。

「キュウリさん大きくなってね。水やりがんばるから……」

「背が高くなったね。ぼく、水やりたいへんだよ」

「あかちゃんキュウリがうまれたね。おめでとう」

「キュウリさん、けがをしていたみたい。だいじょうぶ?」

キュウリが2本できたときは、それを取って新聞にくるみ、お父さんとお母さんのおみやげに持って帰ったそうです。

キュウリと話ができるようになったことで、A君にとって、苦手なキュウリが「しぜんのにおいがする」キュウリに変わっていったのでしょう。

この担任が、早い段階でA君に、「水は葉にやるのではなく根にやるのです」と教えていたらどうでしょう。おそらく、根元に水をやることだけを考え、つるが自分の背の高さより高くなっていくことは気に留めなかったでしょう。また、「毎日しているキュウリの世話を詩にしましょう」と教師が働きかけたとしても、A君は詩を書くことを嫌がったでしょう。A君が毎日キュウリの世話をしたり、担任に話しかけたくなったり、できたキュウリを家に持って帰ったりすることによって、キュウリが自分にとって身近な存在になり、詩を書く意欲につながったものと思います。

キュウリは身近にあり、珍しいものではありません。しかし、教師が複合領域A(教材内容+教授方法)を意識し、教材化することで意味あるものに変わります。また、複合領域B(教材内容+児童生徒)の「教材(キュウリ)」を「子ども」との関わりで見ていくと、子どもサイドに立った学習展開が生まれます。さらに、教師にぽつりと話しかけてきた一言一言は、大事な「教材」となります。このことが詩を書く学習につながりました。教師は、指導計画をもとに授業を行っていますが、子どもの反応を見ながら臨機応変に変更します。このことはとても大事で、子どもにとっては、自分の思いや考えにもとづいた学習になり、教師にとっては、子どもの見方や考え方を知るきっかけになります。このように考えていくと、決められた授業スタイルに機械的に子どもをあてはめることは、とても危険で乱暴だとすら言えます。子どもの「内面」から、子どもの学びをつくっていくことこそ本来の学びではないでしょうか。そういった意味からも、決められた授業スタイルから早く抜け出し、子どもに合った授業スタイルをつくることを教師は考える必要があります。

(4) 一人称の授業研究

授業研究と言えば、同僚教師などに授業を参観してもらい、意見を言ってもらったり、指導してもらったりする場面を思い浮かべます。しかしながら、こういった機会は、一年に一度あるかないかです。大事なのは、日常の授業の振り返りです。

教師を目指す大学生が、模擬授業を行う際に使っているのが、スマートフォンの録画機能です。大学の教員から受けた指導や録画を見た友達からのコメントをもとに、自分の授業を見直します。何度も何度も録画を再生し、繰り返し模擬授業に挑戦することで、3か月もすると自分が納得する授業ができてきます。これは、授業を鏡的に利用する方法で、学校現場でも手軽にできる一人称の授業研究です。

さらに、ウェアラブルカメラを教師が装着すると、教師の視線に合わせた授業場面を見ることができます。教師は、授業のどの時間に、どの場面の、だれをみているかを知ることができます。教師が向ける視線は、ふだん気付かずに行っていることが多く、改めて見てみると多くの発見があります。時間をかけて関わっている子どもはだれか、見落としている子どもはいないか、教師が気付かなかった子どもの言動は何かといったことです。学校現場では、こういった研修はあまり行われていません。しかし、定期的に実施したり、同僚教師に見てもらったりすることにより、二人称の授業研究に発展することが期待できます。

⑸ 教師自身の与える影響

最後に、教師の存在です。教師の日々の言動や態度、学級風土などが子どもに与える影響です。例えば、学ぶことを面白いと感じる、人や物に対して感謝の気持ちを抱く、人に対して親切に接する、丁寧な言葉遣いをするなど、学級内の風土や価値観とも言えるものです。

よく知られている研究に、アルバート・バンデューラが、子どもたち（4歳）を対象に、ボボ人形という空気で膨らませた起き上がりこぼしを使った実験があります。子どもを二つのグループに分け、一方は大人がボボ人形をたたいたり、蹴ったりして暴力をふるう映像を見せ、もう一方は、大人が他のおもちゃで遊んだり静かに過ごしたりする映像を見せます。その後、ボボ人形や他のおもちゃがある部屋に入れ、子どもの様子を観察します。

結果、大人が暴力を振るう映像を見た子どもたちには、ボボ人形に対する攻撃的な言動がはるかに多いことがわかりました。子どもにとって身近な大人である教師や親の言動に接することにより、大人は意図しなくても子どものモデルになっていることが考えられます。

さらに、日々子どもに接する親や教師の言動が子どもたちの心をポジティブにさせたり、逆にネガティブにさせたりすることもあります。「レジリエンス」は、「困難な状況に出会っても、それを跳ね返す力」という意味がありますが、この構成要素には、「新奇性追求」

（新しい活動に向けて進む）、「感情調整」（内的な感情状態等を制御する）、「未来志向」（将来の夢や目標をもつ）、「楽観主義」、「自尊心」、「ユーモア」等が重要と言われています。親や教師が、子どもに対してどう寄り添うか。その心がけしだいで「レジリエンス」を育てることができます。親や教師の言動が子どもの生き方や生きる力にまで大きな影響を与えているのです。

さらにこういったことは、集団でも見られます。1924年から1932年にかけてハーバード大学のエルトン・メイヨーらがアメリカの通信機器メーカー（ウエスタン・エレクトリック社のホーソン工場）で行った、作業条件と生産能率との関係を調べる大規模な実験です。当時は、今のようなロボットではなく、多くの労働者が生産に関わっていました。そのため、生産性の向上は、人の力をいかに向上させるかにかかっていました。どういった労働条件や労働環境を整えればよいか、作業を行う部屋の照明の明るさや温度、休憩時間の長さなどを変えて調べました。その結果、生産性を向上させる方法が明らかになってきました。

ところが驚くことに、もとの条件に戻しても、生産性は向上したままだというのです。この原因を調査するため、一部の従業員にインタビューを実施したところ、自分たちはハーバード大学の研究に貢献できる喜びや研究対象に選ばれた誇りを強く感じながら仕事をしているのだと語ったそうです。

このことから、エルトン・メイヨーらは、生産性は、労働条件や労働環境だけでなく、期待されているという意識、仕事に対する動機、仲間との連帯感といった人間関係なども影響していることを明らかにしました。期待に応えようとする心理によって、よい結果が生まれることをホーソン効果と呼びます。

これらは、一般的によく知られている心理学の研究ですが、教師や学級の子どもたちに当てはめて考えてみると、改めて人が人に与える影響力の大きさを感じます。児童生徒の「内面」は、突然できるものではなく、教師の言動、子どもたちの学校生活や授業をもとに培われていることになります。教師の授業への取組や態度、学級集団への関わりは、少なからず子どもの「内面」に大きな影響を与えていると考えられます。教師の日々の研究と修養による力量形成は、授業を実施するうえでの前提であることは言うまでもありません。

12 子どもの心にそよぐ風

子どもの内面を校舎に描いた建築家

1
だれが風をみたでしょう
ぼくもあなたも見やしない
けれど木の葉をふるわせて
風は通りぬけてゆく

2
だれが風をみたでしょう
あなたもぼくも見やしない
けれど樹立《こだち》が頭を下げて
風は通りすぎてゆく

これはクリスティーナ・ロセッティの「風」という詩です。訳詞は、西條八十によるものです。

風は、目には見えません。木の葉がふるえ、樹立が頭を下げるのを見て、人は、はじめて見えない風の存在に気が付きます。授業中、子どもは目の前にいます。でも子どもの心が動き、心の中で語っていることに教師が気付かないと、ただ通りすぎてゆく存在でしかありません。

露木（2003）は、小学校の理科で、石灰石に塩酸をかけると泡が出て二酸化炭素を発生させる授業を例にあげ、次のように述べています。

> （教師は）二酸化炭素の発生方法として、こうすればこうなる、と説明し、二酸化炭素を捕集するのが一般的ではないだろうか。
> けれども、子どもは違う。子どもの中には、次のような疑問をもっている子は必ずいる。
> ・なぜ気体が出てくるのか。
> ・気体は石から出ているのか、塩酸から出るのか、両方から出るのか。
> ・なぜ、この気体は二酸化炭素でなければならないのか。
> ・なぜ、塩酸という薬品をかけるのか。
> ・どんな石でもいいのか。他に二酸化炭素が出てくる石があるのか。

石から二酸化炭素が出てくるなど、子どもにとって驚愕する出来事ではないのか。（中略）ではなぜ、教師は不思議に感じている子どもの心を聞いてあげようとしないのだろうか。それは、次の一点に尽きるような気がしてならない。

教師が不思議だと思っていない。教師が不思議に思わなければ、多くの場合、子どもは感応しない。ここに教育の面白さと同時に恐さがある。

教師が子どもの「内面」に気付くことができてはじめて、授業を行う必然性が生まれてきます。必然性があるからこそ、子どもにとって学習のめあてができます。授業は、子どもの「内面」が動かないとできません。もし、そういった必然性がなくても授業が行われていたとすれば、それは教師の指示に子どもが合わせているにすぎません。子どもの「内面」を知ろうとしない無感動な大人になっていないか、われわれ大人は今一度自問する必要があります。

ところで、愛媛県に国の重要文化財に指定されながら、現在も使われている校舎があります。八幡浜市立日土小学校です。山間にあるこの学校は、今から60年以上前の昭和33年

（1958年）に完成しました。当時、八幡浜市役所職員だった建築家の松村正恒によって設計され、欧米のモダニズム建築と教育機能を充実させた建物として評価されています。

教室と廊下を分け、二つの教室を単位としたクラスター型と呼ばれる配置で、落ち着いた学習環境が考えられています。戦後間もない当時は、教室に照明設備はありませんでした。そのため、校舎は採光を考え、廊下と運動場の両面から光と風を取り入れるための水平に連続する窓（ハイサイドライト）が設置されています。また、階段の斜面を緩やかにすることで、より一層光が入ってくるようになっています。そして、緩やかな階段には、体が小さな1年生やお年寄りにも歩きやすいという利点もあります。

図 12-1　日土小学校校舎

学校のすぐ裏には、喜木川という小川が流れています。校舎から張り出されたテラス、ベランダから覗くと、喜木川の澄んだ水の中に魚やカエルなどの生き物が泳いでいる姿が見えます。すぐに網を持って、川に入りたい気持ちにさせられます。夏には、ホタルが川面を飛び交うそうです。季節や天候によって変化するこの川は、子どもに自然を身近に感じさせるという大きな役割を担っています。

どの教室の窓からも、ミカンの木が茂る一面の段々畑が見えます。夏には緑一色のミカン山は、秋が深まり寒さを感じる季節になると緑にオレンジ色の映える、すずなりのミカン山に変わります。みごとな光景です。山の上で農作業をしている人の姿が小さく見えることで、山の高さと広さを感じます。さらに、小さな人の力でも、毎日毎日の仕事の積み重ねで畑が変わっていくことにも気付きます。

図 12-2　喜木川から校舎をのぞむ

学校という建物は、まさに「学びが生まれる場」であることを、この校舎は教えてくれます。

廊下を歩いていくと壁の脇には、腰をおろしたくなる平らなベンチが続きます。座ると友達が遊んでいる運動場や学校のそばを歩いている地域の人が目に映ります。背もたれになる木の壁には、ところどころに四角の箱（ニッチ）があり、その中に本が10冊ほど入っています。ちょっと座って本でも読もうかな。そんな気持ちにさせてくれる場所です。隣同士に座った友達と、楽しいお話をしたり本を見せ合ったりして会話がはずむ「語り」の場所です。

さらに図書室。戸を開けて中に入ると、その瞬間、教室や廊下の景色とはまるっきり違った光景が目に飛び込んできます。細長い部屋の左右に整然と並んだ図書。真ん中には、机といすが縦に並びます。天井にはランプがつるされ、壁はあたたかい木のぬくもりを感じます。楽しいお話や知らないことがいっぱいつまっている本の世界に、すーと引き込ま

図 12-3　廊下のベンチと階段

図 12-4　図書室

図 12-5　手作りの椅子

れていくような不思議な空間です。まわりは、光以外の景色は目に入らず、体ごと本に包まれ、そこに座っているだけで心が落ち着きます。図書室の六角形の机は、座るとみんなの顔が見えます。椅子は、座板の角度が背中やお尻の角度とぴったり合います。体が椅子の中に落ち着き、背筋がしゃんと伸びます。校舎だけでなく、机や椅子まで松村が設計したものです。

木造の学校に　木霊（こだま）が宿る、
そんな学校をつくらないと
本当は　いけないのでは　ないでしょうか
（中略）
建築というのは、何気ない美しさ、
わざとらしくないのがいい
滲み出て
こころに染みるような
そういう建築であってほしい

（「素描」より）

これは、松村が建築への思いを書いた一文です。

松村は、設計図の中に子どもや教師、地域の人たちを入れ、まわりの風景や魚や虫、花や木なども校舎と一体化させることにより人と自然、人と物の新しい空間をつくっていったと考えます。それは、「木霊（こだま）が宿る」「何気ない美しさ」「こころに染みる」からもうかがうことができます。木や鉄というような単なる物と物を組み合わるだけでなく、人と物、人と自然、人と人から生まれる目に見えない「風」を、神経を研ぎ澄ませながら、ていねいに図面の中に描いていったことでしょう。松村の奥深い建築理念が伝わってきます。

校舎は、子どもたちが一日の多くの時間を過ごす大事な場所です。小学校では、心身ともに成長著しい6年間もの時間を、ここで過ごします。ともすると、新しい設備、人目をひくための奇抜なデザイン、コストの削減といったことに目が奪われ、子どもの存在を忘れてしまっているのではないかと思われる校舎に出会うことがあります。

図 12-6　校舎のすぐ傍を流れる喜木川

日土小学校の校舎は、60年以上たった今も、子どもたちの学びの場になっています。子どもたちは、松村の教育理念を、無意識のうちに体で感じ、心で思い、頭で考えながら日々の生活を送っていることでしょう。古い校舎ながら、今も美しく保たれているのは、親から子へ、子から孫へと受け継がれてきた校舎への感謝と、大事に扱って次代へ引き継ぐ使命もいっしょに受け継がれていくからではないでしょうか。

いま、学校教育は、グローバル化、情報化といった世界の動きを背景に、従来の教科教育に加え、ＩＣＴ教育、プログラミング教育、外国語教育などが盛んに行われています。その成果を「学力」と称し、「学力向上」を進めています。成果は数値で表されるため、「なるほど」「やっぱり」と簡単に納得してしまいます。目に見えるものは意識しやすく、疑うことなく、意味あるものと受けとめてしまいます。

このことは、学校だけに限りません。私たちの日常生活では、温度、湿度、におい、明るさなど、人の感覚に頼らなくても数字やアラームで知らせてくれるようになりました。窓から入る太陽の光を感じなくても、時刻を知らせてくれます。また、人が感じるよりも前に、空気をきれいにしてくれます。こういった世界にいると、意識されるもの、意味のあるもの（数字など）だけが価値あるものとしてとらえられがちです。

大事なのは、「意識の世界」よりはるかに大きい「無意識の世界」です。「感覚を働かせる」「感覚を研ぎ澄ませる」という世界です。「おや」「なぜ」「もしかして」「きっと」といった感覚です。これは、教えることでわかるといった簡単なことではありません。感覚器をしっかり働かせることによって意識化していくプロセスがないとできません。

ノーベル賞の受賞者のインタビューでは、必ずといっていいほど、どんな子ども時代を過ごしたかを聞かれています。それによると、学校から家に帰ると暗くなるまで友達と野山をかけめぐっていた、虫が大好きで毎日虫とりに熱中していた、雄大な山を毎日眺めることで心が豊かになった、といった話をよく聞きます。

彼らの、子ども時代に感覚を働かせ、無意識の世界を探究した経験が、様々な知識や経験と結び付き、新たな世界を切り拓く発想力、独創力、最後まであきらめない粘り強い心の育成に結び付いたのかもしれません。

意識だけの世界に知らず知らずのうちに浸っている現代人にとって、無意識を意味付けていく「内面」の大切さを今一度認識し、授業を含めた教育活動の中にしっかり位置付けなければならない時期が来ていると強く感じます。

13

これまでの学校　これからの学校

子どもと教師の内面が新たな社会を築く原動力

次代を担う子どもたちを育てることは、社会全体の大きな仕事です。

文部科学省は、小学校に外国語科を取り入れ、プログラミングに関する内容を新たに設けました。また、内閣府は、わが国が目指す未来社会 Society 5.0を掲げ、ＩoＴ（Internet of Things）ですべての人と物がつながる世界をめざしています。さらに、経済産業省は、学びのＳＴＥＭ化や学びの個別最適化をめざし、学校現場でも具体的に進めています。

こういった中で、子どもたちを指導する教師は、新たな社会環境を背景に、次代に向けた人材の育成を担う大事な役割を任せられています。保護者からはもちろん世の中からの大きな期待を受けています。実にやりがいがあり魅力的な職業だと思いませんか。

そのため、教師をめざす人はさぞ多いのではないかと考えますが、必ずしもそうではありません。**図13－1**は、文部科学省による、昭和54年から令和2年度（令和元年度採用選考試験実施）までの公立小学校の教員採用選考試験の受験者数・採用者数・競争率（採用倍率）の推移を表しています。

これを見ると競争率は、平成12年度をピークに減少傾向が見られます。近年は、採用者数が増加傾向にあるにもかかわらず、受験者数は減少しています。この傾向は、小学校だけでなく中学校や高等学校でも同様です。このことを文部科学省は、民間企業などの採用状況の好転を要因の一つとしてあげています。しかし、それ以上に、教員の多忙化、教育諸問題の複雑・多様化、勤務時間外の

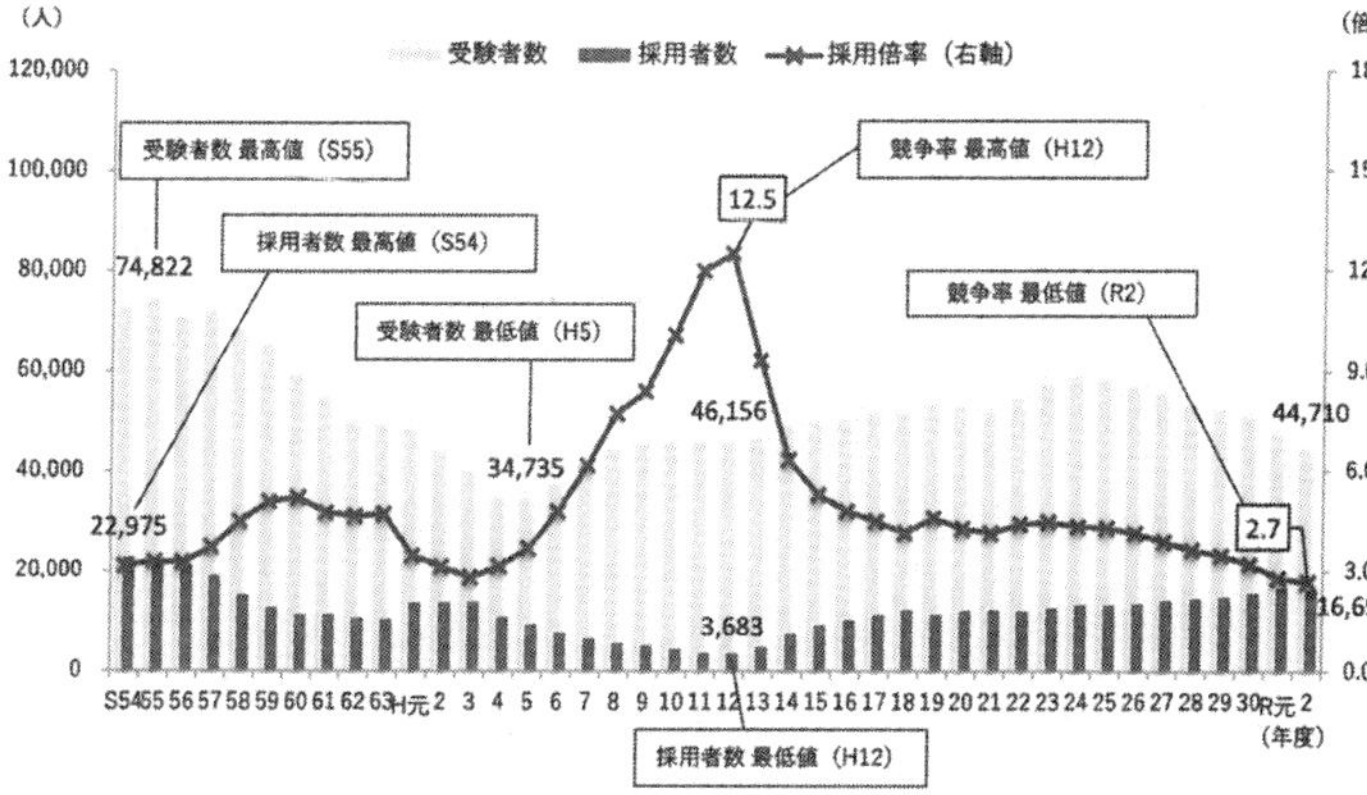

図 13-1　小学校教員採用選考試験実施状況（文部科学省）

仕事といった問題が大きいものと思われます。1章の図1―1の日課表を例にすると、勤務時間が終了するまでに翌日の授業の準備をする時間は、たった1時間しかありません。もし、放課後に職員会議、職員研修が予定されていれば、授業の準備はできないことになります。一方、中央教育審議会（2006）は、「教員をめぐる現状」の中で、社会構造の急激な変化に対応する教員の資質能力の向上や、学校や教員に対する目に見える教育成果を求めています。授業準備も十分できない状況のなかで、こういったことを求めることは、明らかに無理があります。

本書では、授業改善をするためには、「子どもの内面の把握」が大事であることを述べてきました。それは子ども理解だけでなく教師教育にもつながります。ただ、これを進めるためには、同僚教師の協力や実施するために要する時間の確保が前提となります。学校の人的・物的環境の整備・改善を進めることは、教師が主体的・創造的に取り組む時間と空間を広げます。そうすることで、教師は創意工夫しながら授業を実施することができ、教師という仕事に対する「やりがい」が生まれます。教師をめざす学生も学校現場の教師も優秀です。子どものことになると最優先に取り組む使命感をもっています。教師の「やりがい」は、子どもの学びの向上につながります。

デシ（Deci）らは、内発的動機付けは、「能力（能力の発揮）」「関係性（他者とのつながり）」「自律性（自己決定）」の三つが必要であり、自己決定することで強くなると言っています。

教師の「やりがい」とは何か。どうすれば「やりがい」として感じることができるのか。このことについて事例をもとに考えていきましょう。

(1) 子どもの内面を知る「やりがい」

教育実習生が、実習前に真っ先に見るのは学習指導要領と教科書です。教わる側から教える側になって授業をするわけですから、この二冊を必死に読み込みます。例えば、小学校6年理科の「水溶液の性質」について、学習指導要領には次のように書かれています。

> 水溶液について、溶けている物に着目して、それらによる水溶液の性質や働きの違いを多面的に調べる活動を通して、次の事項を身に付けることができるよう指導する。
> ア　次のことを理解するとともに、観察、実験などに関する技能を身に付けること。
> (ア) 水溶液には、酸性、アルカリ性及び中性のものがあること。

（イ）水溶液には、気体が溶けているものがあること。
（ウ）水溶液には、金属を変化させるものがあること。
イ　水溶液の性質や働きについて追究する中で、溶けているものによる性質や働きの違いについてより妥当な考えをつくりだし表現すること。

実習の実日数は、わずか10日～20日です。そのため、（ア）に書かれている内容（リトマス試験紙を使った水溶液の仲間分け）の授業をよく行います。それは、実験結果がはっきりしていて、指導しやすいからです。

しかし、本当に「やりがい」のある授業内容は、その前後に書かれている事柄です。「溶けている物に着目する」「多面的に調べる」「性質や働きの追究」です。なぜなら、この部分は、子どもにとって最も知りたい内容であり、疑問や予想が次々と生まれるからです。

愛媛県内の公立小学校の教師、大澤（当時教諭）は、子どもたちの家にある水溶液を持って来るように伝えました。

いよいよ子どもたちが楽しみにしていた理科の時間です。机の上には、家から持ってきた水溶液が並んでいます。スポーツドリンク、お酒、お酢、洗剤、雨水、海水など……。子どもたちは、早くリトマス試験紙で調べたくてたまりません。雨水を持ってきた子どもは、酸性雨に関心がありました。子どもたちの多くは、調べたい理由をもっていました。ある男子は、自分の「おしっこ」を小さい容器に入れて持ってきていました。年に一度の健康診断から思いついたのでしょう。この子どもの疑問（飲んだ水と体から出る水の違い）は、学級全体の問題として発展し、「体のしくみ」の学習につながっていきました。

この授業では、家にある水溶液を探す面白さ、初めてリトマス試験紙で調べるワクワク感、友達の水溶液に対する興味・関心、目には見えないけれど水に溶けている物の存在など、子どもの内面は学習の魅力でいっぱいになります。教師は、子どもの「やりがい」を知ると同時に、このことが「教師のやりがい」であることに気付きます。

理科の授業は、小学校の教師からは敬遠されがちです。それは、他の教科に比べて準備や片付けに時間がかかるからです。そのため、教師の演示実験や映像教材を見せて済ませることがあります。これでは、いつまでたっても理科の授業の「やりがい」に気付くことができないでしょう。「やりがい」は、子どもの内面を知る努力とそれを補完する時間がなくてはなりません。子どもの理科嫌いは、もしかすると教師や制度上の問題が原因なのかもしれないのです。

(2) 仲間とつながる「やりがい」

現在、学校現場では、多くの教師が定年退職を迎え、中心的な役割を担う教師がいなくなるといった問題があります。そのため、若手教師の育成や学校現場の研究が難しくなっていると言われています。こういった問題は、学校単独ではなかなか解決できません。

ソニー科学教育研究会愛媛支部では、毎年理科教育研究会を実施し、2020年度で45回となりました。一般的に行われる研究会は、会場校が授業公開や研究発表をし、参加者が感想や意見を述べて終わります。会場校の研究成果を他校に伝達する機会であり、研究成果を送る側（会場校）―受け取る側（参加者）という縦の関係があると言えるでしょう。

図13-2は、2020年度に行った研究会の概要です。この会で工夫した点は、研究協力を希望する学校と教師（研究分担者）を募ったことです。研究協力校は、研究会会場校の研究に必要な部分を分担して研究を進めます。情報交換は、必要な際に学校間でその都度行います。自校にない教材や実験器具が必要な場合は、互いに貸し借りをします。学校間の壁やプライドは必要ありません。また、授業者や研究分担者が困っていると、校内の

同僚が助言・協力してくれます。横の関係を構築することが期待できます。

このことで、これからの学校現場の研究を進める際のいくつかの示唆が得られました。

- 若手教員を自校の教員だけでなく、他校も含め複数の教員で育てる場ができる。
- 自校だけでは難しい教師の専門教科を深める機会になる。
- 会場校だけの閉じた研究から開いた研究となる。
- 教職員が少ない小規模校でも研究会を実施することが可能になる。
- 複数校の研究でより客観的な研究成果が得られる。
- 研究協力は限定的であるため、負担が少な

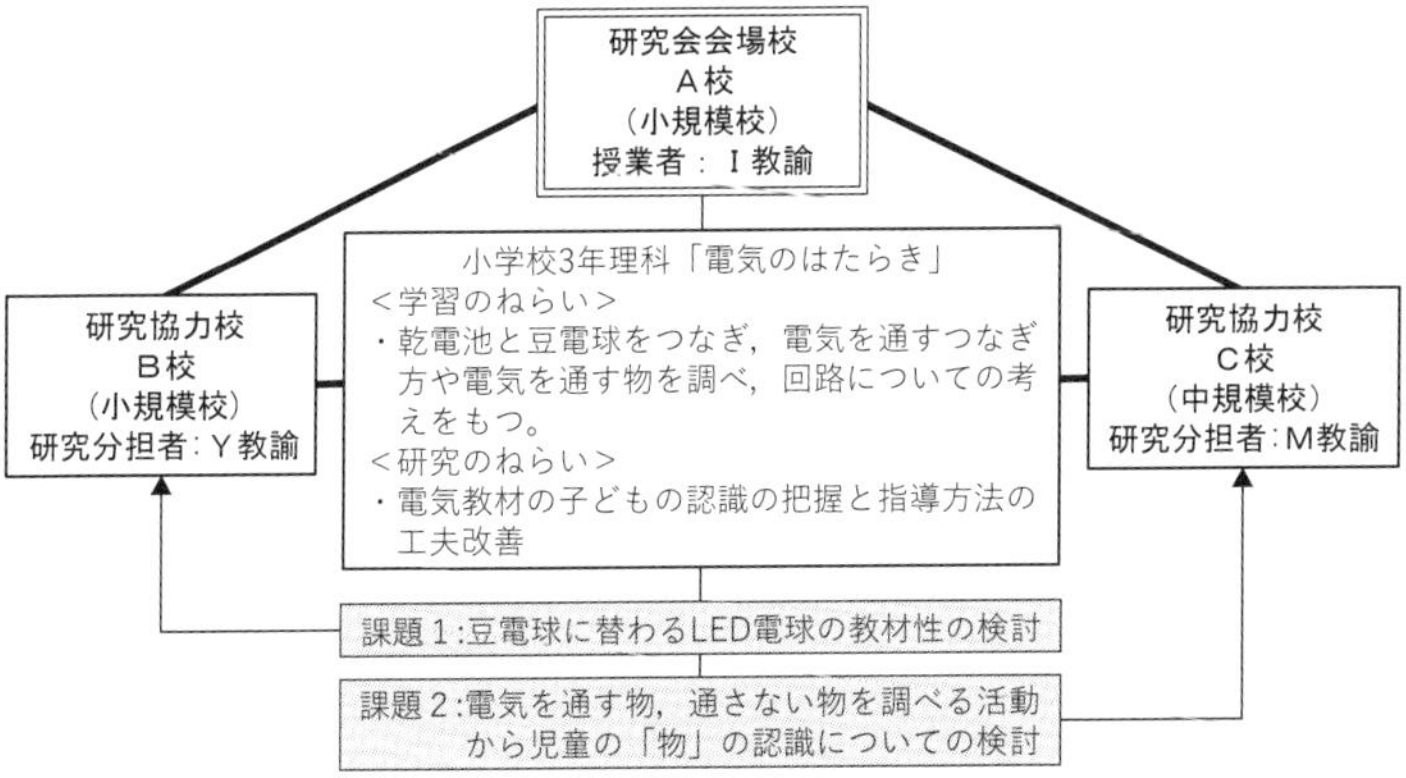

図 13-2　周辺校との研究協力

く協力しやすい。

・研究成果をグループだけでなく他校にも分かち合う風土が生まれる。

この取組は始まったばかりです。自校だけではなく他校の教員と研究協力を積み重ねることにより、研究成果や教員同士の同僚性、仕事への「やりがい」にどういった好影響を及ぼすか、さらに詳しく調べていくことが必要です。

今後の学校現場研究の新たな取組の方法として大いに期待されます。

(3) 創意工夫する「やりがい」

学習指導要領(2017年告示)で改訂された教育内容を見ると、言語活動の充実、理数教育の充実、伝統や文化に関する教育の充実、道徳教育の充実、体験活動の充実、外国語活動の充実、情報教育の充実などが挙げられています。また、それに伴い授業時数や日課表のコマ数も増えました。一言に「充実」といっても、それらを実現させるためには、学習環境の整備、指導方法の工夫、時間の確保等が不可欠です。これまで再生刺激法による子どもの内面過程について述べ、すでにおわかりいただいたと思いますが、「充実」に至るプロセスは簡単にはいきません。今後、ますます指導内容の増加、多様化が進むとすれば、教材準備もできないまま多くの学習内容を指導することになります。教師だけでなく子どもたちにとっても大きな負担を伴います。そして、目に見える結果を急ぐあまり、教え込む授業になってしまったら、教師も子どもも「やりがい」を感じることはできません。教師の「やりがい」は、子どもの成長と共にあります。わからない子どもがいればどのような授業をすればわかるようになるか、もっと知りたい、わかりたいと思う子どもにはどういったアドバイスをすればよいか。創意工夫しながら子どもの成長を支えていくことが教師の役割であり、「やりがい」なのです。学校は、子どもたちに学びを通して「やりがい」や「生きがい」を育てる場であると考えます。

学校で指導する内容は学習指導要領にもとづいています。背景には、「社会的要請」が伴います。したがって漏れなく教えることが学校の役割であり、それを教師が子どもに身に付けさせさえすれば「社会的要請」に応えたことになります。

しかし、与えられたことだけをすれば、それだけでよいかと言えばそうでない場合もあります。

図13-3は、2012年5月に私が勤務していた学校での金環日食の観察の写真です。金環日食が始まるのは午前7時27分。次回見られるのは18年後，しかも北海道に限るとい

図 13-3
金環日食を観察する子どもたち

うことでした。金環日食は、小学校の教科書には出ていません。教えなくてもいいことです。小学校1年生は理解できないかもしれません。でも、いつもの丸い太陽の形や色がだんだん変わっていく神秘的な現象であることはわかります。このワクワクする体験が新たな学びにつながっていく可能性を感じます。

ただ、金環日食を学校で見せるには約30分早く学校に着く必要があります。朝は、どの家庭も大忙しです。地域の見守り隊、交通指導をする保護者、パトロールの警察官など、すべてを30分早めるとなれば大変です。でも、全校児童650名の保護者、家庭、地域、もちろん教職員も協力してくれることになりました。

当日の朝、ランドセルを背負い、眠たい目をこすりながら子どもたちが運動場に集まってきます。犬の散歩をしていた人、うわさを聞いてやってくる人、もちろん保護者もやってきます。運動場は、子ども、大人、そして犬までも集まってきました。理科主任の教師の説明の後、それぞれが遮光板や天体望遠鏡を使って観測したり、影の形を調べたり、月

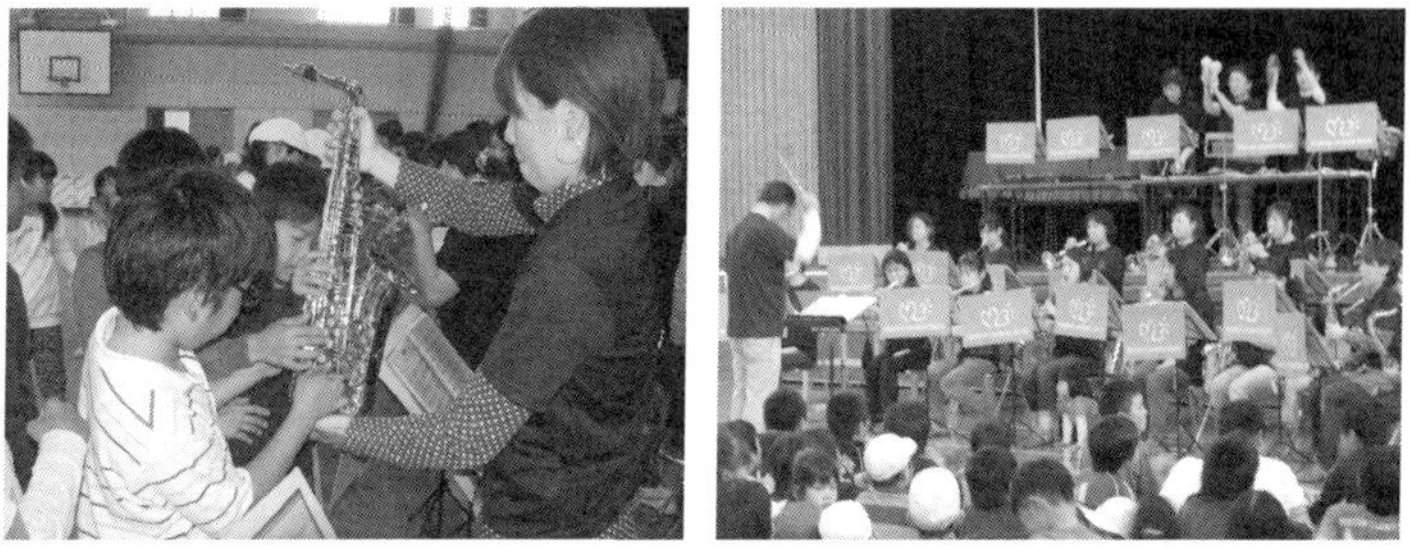

図 13-4 地域のバンドによる演奏（右）
奏者に質問をする子どもたち（左）

が太陽を徐々にさえぎる様子を記録したり、木漏れ日の影の形がいつもと違うことを発見したりしています。

学校は、「社会的要請」に応えるためだけの存在ではないのです。

学校は、子どもの知的好奇心や可能性を拓く場所です。それを形にしていくのが教師の仕事なのです。

そのためには、教育課程の中に学校独自で創意工夫できる時間の位置付けがなくてはなりません。現状では、日課表は授業教科ですべて埋まり、校時表に新たに入れる時間はありません。こうなると、紋切り型の学校がたくさんできるでしょう。学校が創意工夫する機能は失われてしまいます。

図13-4は、小学校で行った地域のバンドによる演奏です。30分間の昼休みのうちの20分間を使って実施しました。音楽の好きな子どもたちが体育館にたくさん集ま

ります。演奏を聴くことはもちろんですが、演奏が終わったあと、子どもたちが奏者に質問したり（写真左）、楽器に触れさせてもらったりする交流の時間を大事にします。双方向の関わりが学びをより充実させます。音楽主任の教師の発案です。外国語担当の教師は、ALTの教師と力を合わせ、校内に「英会話ゾーン」をつくりました。その場所に入ると、英語でしか話せないルールになっています。理科主任は、理科が好きな子どもに、適宜ビーカー、温度計、ルーペなどの器具の貸し出しを行います。夏休みには、理科自由研究の相談日を設け、研究のアドバイスを行います。

これらはほんの一例ですが、学校や教師が、授業以外の時間でも子どもたちに経験させたい教育活動はたくさんあります。そういった活動の機会を子どもに提供する教師の創意工夫や意欲が、教育の質の向上だけでなく教師の「やりがい」につながります。カリキュラムの中で学校の裁量で活用でき、子どものニーズや実態にもとづく新たな学びが創意工夫できる。学校が主体性をもち教育活動を展開していく。こういった学校が、これから求められるもう一つの学校の姿ではないでしょうか。

(4) 人として大事なものを伝える「やりがい」

手元に二冊の本があります。

一冊は「サピエンス全史」。イスラエルの歴史学者、哲学者であるユヴァル・ノア・ハラリが原案・脚本を担当した本です。上、下巻等合わせると、これまでに全世界で1600万部突破の超ベストセラーです。

二冊目は「スマホ脳」。著者はスウェーデンの精神科医のアンデシュ・ハンセンです。2021年3月時点で、日本だけでも30万部突破しています。こちらも世界的ベストセラーです。

興味深かったことは、二冊とも数百万年前に人類が誕生してきた進化の歴史を手がかりに論を展開していることでした。

「サピエンス全史」によると、人間はいつもびくびくしていて臆病で食物連鎖の中ほどに位置していましたが、三つの革命をきっかけに一気に独裁者になったと言います。

①「認知革命」（70000年前）

集団がフィクションの世界を信じるようになった革命です。例えば、人間は、印刷をした紙（お金）を、単なる紙として見るのではなく、ほしい物を手に入れることができる価値ある物として見るようになりました。また、うわさ話でも多くの人をひきつけ、信じさせることができます。このことで全然知らない相手ともつながり、大きな集団をつくることができたと言います。

②農業革命（一2000年前）

動物を飼い、植物を栽培し始めると、牛や鶏などを「支配する」という考え方が生まれます。さらに、成功や富を多く獲得しようと支配を強めるようになります。このことで、支配するもの・されるものというヒエラルキーが生まれました。

③科学革命（500年前）

産業革命など、科学の力を手に入れた人類が、地球も支配するほどの力をもつようになりました。人類の歴史から見ると、驚くほど短時間で起こった革命ですが、今では動物の肉体はもちろん、頭脳や精神まで操作する技術を手に入れようとしています。

一方、精神科医のアンデシュ・ハンセンは、科学革命は、進化の見地から見ればあまりにも一瞬のできごとであるため、人間の進化が今生きている時代の環境に適応できていない状態であると言っています。例えば、ＳＮＳは、脳科学の研究から人間が物を欲しがる仕組みを巧みに利用し、脳の報酬系をハッキングすることに成功しました。その仕組みを利用した企業は、消費者からお金と時間を継続的に獲得することができるようになります。しかし一方で、この環境に適合できていない脳は、様々な不適合も生じさせます。ストレス、うつといった精神疾患、集中力や記憶力の低下、周囲への無関心などの弊害を挙げています。

中央教育審議会答申（2021）は、「『令和の日本型学校教育』の構築を目指して」の中で、全ての子どもたちの可能性を引き出す、個別最適な学びと協働的な学びの実現をめざしています。その内容を見ると、「Society 5.0」「GIGAスクール構想」といったICT社会への志向であり、そのための学習環境の整備や授業での活用がこれからの教育の新たな方向であることを示しています。ただ、こういった方向に進むことが、答申にある「豊かな人生を切り拓き、持続可能な社会の創り手となることができる」のかを考える必要があります。

この二冊の本が、世界中の多くの人々に読まれるようになったのは、科学がこれまで以上に急激に変化する中で、人間は一度立ち止まり、「いま」と「これから」をどう生きるべきかを考えなければいけないと感じているからではないでしょうか。つまり、人間の進化と歴史という膨大でしかも貴重な財産である「これまで」をです。

学校は、一人一台のパソコンやタブレットが導入され、紙の教科書からデジタル教科書に替わろうとしています。多くの人々は、自分が子どものころに経験していない機器を使った授業が行われるとなれば、新しい教育だと考えます。でもこの判断は、新しい物や出来事に接することを好む脳のしわざかもしれないのです。

例えば、種を植え、水をやり、草をとり、時間をかけて花を育てる学習を、デジタル映像を使って学習すればどうでしょう。短時間でしかも効率よく育っていくプロセスを理解させることができます。もちろんテスト対応もばっちりです。ただ、植物を育てることによって感じる土や葉の香り、日々生長することへの驚き、時間をかけて育てる植物への愛情などの情報は抜け落ちています。残念なことに、これらはテストには出ないのです。

実は、脳にとっては感覚器から得られる情報も新しい情報であり、脳は喜んでドーパミンを放出します。でも、感覚器からの情報を必要としなくなると、自分にとって意味ある情報にしか価値を感じることができなくなります。最近の子どもたちを見ていると、極端に虫を恐れたり、花の香りをくさいといっていやがったり、土が少しでも手に付くときたないと言ったりします。このことは、感覚器の情報の偏りが原因ではないかと考えられます。

中央教育審議会がめざす「豊かな人生」「持続可能な社会」を実現するためには、人間が勝手気ままに振る舞うことを許さない、生物としての人間の生き方を問うことを忘れてはいけません。人間は生物であり、自然の中の一員であることを、子どもの内面にしっかりときざみ付けることが大人の大事な役割ではないでしょうか。

アンデシュ・ハンセンは、新しいテクノロジーに人間が適応すればいいのではなく、テクノロジーが人間に順応すべきだと述べています。人は他の生き物同様に、生命をもった生物の一員です。長い進化と人類の歴史を考えながら、これから必要な教育は何かを、一度立ち止まりしっかり判断する時期がきています。そういった使命を教師が担っていることを「やりがい」と感じ、次代を担う子どもたちの育成にぜひ尽力してもらうよう切に願ってやみません。

おわりに

小学校3年生の子どもが、洗濯板を使って自分の汚れた体操服を洗濯していました。手や腕に力をこめて、ゴシゴシと楽しそうに行っています。これは、社会科の「くらしのうつりかわり（人々のくらしと道具）」の授業です。

子どもたちは昔の生活を調べるため、校区のお年寄りにアンケートをお願いしたり、インターネットで調べたりしたそうです。その結果、かまどで火をおこしてご飯を炊く、おかずをつくる、薪を集めて風呂をわかす、洗濯板で洗濯をするといった、今の生活とずいぶん違うことがわかりました。ちょうど、その中の洗濯に挑戦していたところでした。

はじめは、楽しかった洗濯も、やがて腰が痛くなり、手も腕も疲れてきました。それに、同じ作業の繰り返しに少々飽きてきました。

教師が、

「次に、泡が残らないように、しっかりすすぎましょう。そのあと絞って、干しましょう」

と言うと、子どもからは、

「えー。そんなに。もうだめ！」

といった声があがりました。家では、洗濯機に入れればスイッチ一つで洗濯が始まり、乾燥までやってくれる機械もあります。最近では、折りたたんでくれる機械さえあります。

手洗いの洗濯を体験することで、子どもたちは、次のような問題意識をもちました。

・家族みんなの洗濯物を洗濯するのは大変だっただろうな。
・何人家族だったのだろう。
・どれくらいの時間がかかったのだろう。
・洗濯してたらお母さんは仕事に行けないよ。
・冬は、水が冷たくてつらかっただろうな。
・ひいおばあちゃんに昔のことを聞いてみよう。

本書が伝えている「子どものランドセルの中に入れるもの」とは、この社会科の授業を例にすると、昔と今の生活の違いの理解や知識だけでなく、昔の人の生活に思いを馳せ、さらに調べたり、確かめたりしたくなる興味や関心、学習意欲です。このことは子どもたちの生きがいにつながる学びになります。

若松（2019）は、西田幾多郎の「善の研究」をもとに、「主客合一の作用」（自分と対象がひとつになる）について次のようなことを述べています。西田にとっての「知識」は、情報としての知識とは違って、「知」は頭、「識」は身体全体を意味し、もう一つ大切なことは「情意」です。世界は「あたま」だけで認識されているのではなく、そこにはつねに「こころ」の働きがあり、これらがひとつになることが大事だと言うのです。

ところが、教育現場は、必ずしもそうではないように思えます。指導内容が増え、しかも知識の中の「知」の部分に焦点が当てられ、学校現場も行政も保護者も、数値化された結果に一喜一憂しています。残念ながら、身体全体を使って五感を働かせたり、こころを動かせたりした学びは、点数や順位に反映されず重要視されません。さらには、ＩＣＴの普及により、五感やこころを使う学びは、気付かないうちに忘れ去られるようになりました。

しかし、こういった時代だからこそ、私たちは五感やこころをつかった教材を用い、子どもの「内面」に働きかける授業をいっそう進める必要があると考えます。「子どもの内面からつくる授業」という書名には、そういった願いを込めました。

本書では、子どもの「内面」をとらえる方法として、「再生刺激法」「キーワード分析」「質問紙調査法」などを紹介しました。こういった方法で授業を分析することにより、これまで把握することが困難だった子どもの「内面」が、少しずつ明らかになってきました。その結果をもとに、子どもの「内面」にもとづいた授業研究がいっそう進むことを願っています。

ただ、子どもに働きかけるのは、あくまで教師です。教師が子どもの「内面」の必要性や五感やこころの大切さに気付かなければ、授業は少しも変わることはありません。本書にある学びの本質や善さから自らの教育観を振り返るとともに、授業の実践事例を手がかりに授業を改善するヒントにしていただければ幸いです。また、「学習指導案の見直し」「一人称の授業研究」から、授業研究は特別なことではなく、日常の身近なところから始められることもおわかりいただけたと思います。

教師をめざす学生さんたちは、子どものことになると時間を忘れ、努力することを惜しみません。学校現場の先生方も同様です。「働き方改革」で教員の仕事の軽減が取りあげられるようになりました。しかし、改革は始まったばかりです。授業研究や教材研究が大事で、研究をしたいと思っていても時間をかけることができないのが現実です。教員として優れた資質・能力がありながら、それを発揮できない学校現場の大きな壁があります。

しかしながら、目の前に子どもがいる限り、私たちは最善の方法を模索しなければなりません。学校現場のこれまでの慣習をよしとするのではなく、改善に向けて見直すとともに、日々の授業が真に子どもたちの「内面」を育て、ランドセルの中に入れる価値あるものになっているかどうか、教師はいつも振り返る必要があります。

学ぶ喜びは、生きる喜びにつながります。価値ある学びは、生きる自信につながります。人から受けたぬくもりは思いやりの気持ちに変わります。子どもたちが、家に帰りランドセルを開けたときに、一日の学びの記録とともに、楽しかったこと、頑張ったこと、もっと勉強したいことなどがいっぱい溢れてくるようになることを願っています。

本書がその一助になることを心から願い、稿を閉じたいと思います。

母校の思い出
ー鈴懸の校庭ー（薦田登志夫）

本書の執筆にあたりましては、日本女子大学名誉教授　吉崎静夫先生に多大な御助言をいただきました。また、授業実践、各種調査等につきましては、今治市教育委員会、八幡浜市教育委員会、今治市・大分市両市立小中学校の校長先生をはじめ、諸先生方の御理解・御協力をいただきました。さらに、大分大学教育学部、理工学部の関係者の皆様、東洋館出版社　上野絵美様には、出版に向けた御教示・御支援をいただきました。

ここに記して厚くお礼申し上げます。

最後に、私の研究活動をいつも支えてくれている妻に、感謝の気持ちを添えさせていただきます。

なお、本書は、平成29年度~令和3年度　科学研究費（基盤研究C　代表者：渡邊和志　研究分担者：吉崎静夫「授業における子どもの内面過程の把握にもとづく授業改善・授業力向上システムの開発」）の助成を受けています。

2021年　7月

妻と（大分大学旦野原キャンパスにて）

参考文献

秋田喜代美（2012）『学びの心理学―授業をデザインする―』左右社、94-134。

アンデシュ・ハンセン（2020）『スマホ脳』新潮新書、67-126。

麻生良太（2016）「日本における学校インターンシップの展開―教員に求められる資質能力を高めるための具体的な取り組みから―」田島充士・中村直人・溝上慎一・森下覚（編）『学校インターンシップの科学』ナカニシヤ出版、31-46。

ベネッセ教育総合研究所（2014）「小中学生の学びに関する実態調査―速報版―」、6-7、15。

デイビット・クラー（2017）「ピアジェ再訪―子どもの問題解決能力の研究からの一展望―」アラン・M・スレーター／ボール・C・クイン（編）『発達心理学再入門―ブレークスルーを生んだ14の研究』新曜社、67-83。

藤岡完治（1998）「プロローグ　成長する教師」浅田匡・生田孝至・藤岡完治（編）『成長する教師―教師学への誘い―』金子書房，1-6。

学校図書（2021）『みんなと学ぶ小学校理科3年』156-164。

姫野完治（2019）「授業研究の歴史」村川雅弘・木原俊行（編）『授業研究のフロンティア』ミネルヴァ書房、16-30。

池田浩（2016）「テレビやゲームは子どもの暴力を助長する？」越智啓太（編）『心理学ビジ

ュアル百科―基本から研究の最前線まで―』創元社、154-155。

池田浩（2016）「生産性を高めるためには人間関係を重視せよ」越智啓太（編）『心理学ビジュアル百科―基本から研究の最前線まで―』創元社、172-173。

今井むつみ（2016）『学びとは何か―〈探究人〉になるために―』岩波新書、65-94。

香川文治・吉崎静夫（1990）「授業ルーチンの導入と維持」日本教育工学雑誌14(3)：111-119。

かこさとし（1973）「からすのパンやさん」偕成社
かこさとし・福岡伸一（2016）『ちっちゃな科学』中央公論新社、27-41。

河合隼雄（1998）『こころの処方箋』新潮社、94-97。

黒田友紀（2019）「学び続ける教師―教員研修の意義と課題―」佐久間亜紀・佐伯胖（編）『現代の教師論』ミネルヴァ書房、123-138。

牧義孝（2020）「中学数学科における『活用力』育成のための授業展開の工夫―授業と予習的課題（家庭学習）による『学びのサイクル』を通して―」大分市教育センター令和元年度大分市教育実践記録：1-10。

松村正恒（1992）『素描・松村正恒』建築家会館
文部科学省中央教育審議会（2006）「今後の教員養成・免許制度の在り方について（答申）教員をめぐる現状」。

文部科学省（2008）「子どもの学校外での学習活動に関する実態調査報告」、6-41。

文部科学省　国立教育政策研究所生徒指導・進路指導研究センター（2015）「生徒指導リーフ中1ギャップの真実」、Leaf. 15。

文部科学省　国立教育政策研究所（2017）「平成29年度全国学力・学習状況調査報告書　質問紙調査」、59-164。

文部科学省（2017）「小学校学習指導要領（平成29年告示）解説　総則編」1-10。

文部科学省（2017）「小学校学習指導要領（平成29年告示）解説　理科編」29-44、75-93。

文部科学省（2017）「中学校学習指導要領（平成29年告示）解説　理科編」46-51。

文部科学省（2021）「令和2年度（令和元年度実施）公立学校教員採用選考試験の実施状況のポイント」。

文部科学省中央教育審議会（2021）「『令和の日本型学校教育』の構築を目指して（答申）」。

村井実（1978）『新・教育学のすすめ』小学館、21-47、98-117。

大村はま（1973）『教えるということ』共文社，67-133。

白松賢（2017）『学級経営の教科書』東洋館出版社、14-34。

杉山崇（2016）「逆境を跳ね返す力・レジリエンスとは」越智啓太（編）『心理学ビジュアル百科―基本から研究の最前線まで―』創元社、194-195。

露木和男（2003）『毎日の授業、その思想―授業者としての生き方を求めて―』学事出版、17-54、85-122。

若松英輔（２０１９）『善の研究―西田幾多郎』ＮＨＫ出版、10－41。

脇本健弘・町支大祐（２０１５）『教師の学びを科学する―データから見える若手の育成と熟達のモデル』北大路書房、15－33。

渡辺和志・吉崎静夫（１９９１）「授業における児童の認知・情意過程の自己報告に関する研究」日本教育工学雑誌15(2)：73－83。

渡邊和志・吉崎静夫（２０１９）「授業研究のツールとしての『再生刺激法 ver. 2』の活用に関する研究」大分大学教育学部研究紀要41(1)：107－121。

渡邊和志・吉崎静夫（２０２０）「教師及び学習者の授業認識の差異に基づく授業改善―質問紙調査法による『自己省察』をとおして」大分大学教育学部研究紀要41(2)：255－270。

吉崎静夫（１９８８）「授業における教師の意思決定モデルの開発」日本教育工学雑誌12(2)：51－59。

吉崎静夫（１９９１）「教師の意思決定と授業研究」ぎょうせい、83－119。

参考資料

井原聡博　中学校理科授業「消化と吸収」（当時：今治市立朝倉中学校教諭）。
木原和美　小学校生活科授業「やさいをそだてよう」（当時：今治市立国分小学校教諭）。
森山泉梨「いろいろな化学変化―還元」評価問題（大分大学理工学部学生）。

中野正倫　中学校数学科「予習的課題」資料（元大分大学教育学部客員教授）。
NHK（2016・4・30放送）「世界の果ての通学路」。
NHK（2019・5・1放送）「人間ってナンだ　超AI入門―勝負するゲームから見える」。
NHK（2020・11・14放送）「サピエンスとパンデミック　ユヴァル・ノア・ハラリ特別授業」。
大澤誠二　小学校理科授業「水溶液の性質」（当時：今治市立近見小学校教諭）。
田坂千鶴美　学校行事「少年自然の家　オリエンテーリング」（当時：今治市立国分小学校教頭）。

装画・挿絵

薦田登志夫　版画「母校の思い出―鈴懸の校庭」（日本版画会四国支部事務局長）
上迫博幸　装画・ランドセル挿絵（愛媛県美術会会員　元愛媛美術教育連盟会長）
ランドセル挿絵協力：白石蒼真（中学校2年生）・白石瀬奈（小学校6年生）

［著者紹介］

渡邊和志
（わたなべ　かずし）

1954年　愛媛県生まれ

1977年　高知大学教育学部中学校教員養成課程（理科）卒業

1977年～2015年　愛媛県教職員として小中学校教諭、教頭、校長、愛媛県教育委員会事務局指導主事、管理主事、今治市教育委員会事務局学校教育課長を務める。

1990年　鳴門教育大学大学院学校教育科修了　教育学修士

2016年　大分大学教育学部　准教授

2020年　大分大学教育学部　客員教授
大分大学理工学部　非常勤講師

専門分野は、授業研究を中心とする教育工学、教育方法学、理科教育学。特に、授業における子どもの内面把握の方法である「再生刺激法」の開発者の一人。日本教育工学会（全国大会）等の学会・学会誌での発表、全国小学校理科研究大会など理科を中心とした研究発表・指導助言など多数。現在、教職をめざす学生の指導（大分大学）やソニー科学教育研究会（愛媛支部）、愛媛自然科学教室等で、学校現場の教師とともに、子どもの学びを大切にした授業づくりや教室の運営に取り組んでいる。

共著書に、『小学校理科実践指導全集』（日本教育図書センター）、『理科　基礎・基本の体系的指導』（明治図書）などがある。

子どもの内面からつくる授業

—学ぶよろこびをランドセルの中に—

2021（令和3）年7月30日　初版第1刷発行

著　　者：渡邊和志

発 行 者：錦織圭之介

発 行 所：株式会社 東洋館出版社

〒113-0021　東京都文京区本駒込5丁目16番7号
営業部　TEL：03-3823-9206　FAX：03-3823-9208
編集部　TEL：03-3823-9207　FAX：03-3823-9209
振　替　00180-7-96823
U R L　http://www.toyokan.co.jp

デザイン：藤原印刷株式会社

装　　画：上迫博幸

印刷・製本：藤原印刷株式会社

ISBN978-4-491-04573-3　　Printed in Japan